図解で早わかり

会計の基本と実務

公認会計士・税理士
武田 守 監修

本書の3大特色

業績の把握、取引や投資活動など、
ビジネスに不可欠な「会計」の
しくみを平易に解説。

会計ルールから簿記、仕訳、
決算書、経営分析まで
本書1冊で学べる。

会計や簿記の基本となる
主な勘定科目の仕訳を
パターン別に解説。

三修社

はじめに

　会計の歴史はとても古く、紀元前からすでに存在していたといわれています。そして、本書での説明の中心となる複式簿記の基礎、つまり現在の会計に近い形にまで発展したのは、中世ヨーロッパのルネサンス期に入ってからといわれ、会計は世界中で使用されてきました。現在の会計は、どの国でもおおむね同じようなルールによって処理が行われているため、世界共通言語ともいわれるような英語以上に世界共通のコミュニケーション・ツールとなっています。会計は会社だけではなく、家計や個人事業者などの小さな単位から、国などの大きな単位まで、ありとあらゆる場面で使用されています。

　たとえば、ビジネスの場面においては、日々の会社の取引を記録して自社の業績を把握したり、取引先に対して自社の現状を報告して取引を円滑に行うために会計は重要な存在です。また、21世紀に入り経済取引の多様化・複雑化に伴い、会計ルールや会計処理自体も複雑になっており、会計は社会で働く上での重要なツールとして私たちも知識を備えておく必要があります。

　本書は、会計や簿記を初めて接する方々を対象にした入門書です。会計や簿記の基本となる仕訳の処理方法、決算書の作り方や読み方を中心に説明しています。また、決算書に基づいて会社の実態をより深く知る経営分析、決算書作成のために必要な経理の業務、会社の決算で登場する税務の知識、原価計算や管理会計、予算管理や資金管理など、会計に関連した広範囲にわたる周辺知識の基本的な内容も説明しています。

　本書をご活用いただき、皆様のお役に立てていただければ監修者として幸いです。

監修者　公認会計士・税理士　武田　守

CONTENTS

PART 3　ケース別　仕訳のパターン

PART 4　決算書のしくみ

PART 1

会計の全体像

会計とは何か

会計は経済活動をすべて金額に置き換える

■ 会計とはどんな考え方なのか

　会計とは、会社などが行う経済活動（取引）や、それに対する成果（業績）を、すべて金額（お金）という客観的な数値で表現することをいいます。会計は、①会計を行う対象（通常は1つの会社を対象）、②会計を行う期間（通常は1年間で、半期・四半期・月次などで行われる場合もある）、③金額で評価すること（金額で示せないものは逆に会計に含めることはできない）、という3つの要素を基本的な前提としています。

■ なぜ会計が必要なのか

　利潤を追求することが主目的である会社などでは、その経済活動はお金を通して行われます。会社がその目的を達成できたか、つまりお金がどれだけ増やすことができたかを測るために会計が必要となります。また、新しい取引先と取引を行う際に、その取引先にとって安心して取引ができるように、自らの経営状況が問題ないことを示すために会計が使われる場合もあります。つまり、客観的な数値に基づく会計情報の提供によって、取引がスムーズに行われることが可能となります。

■ 財務会計と管理会計

　財務会計とは、会社などの企業外部の者（利害関係者）に対して、業績などを報告することを目的とする会計をいいます。ここで、利害関係者とは、会社に出資した株主や投資家、会社の取引先（会社の債権者、銀行）などを指します。利害関係者

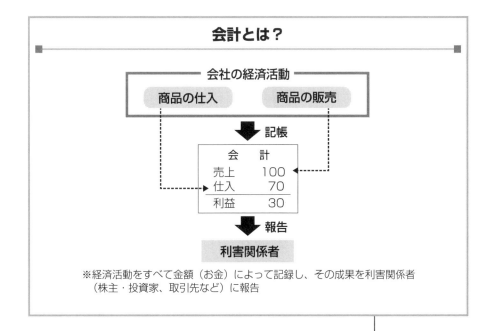

会計とは？

会社の経済活動

| 商品の仕入 | 商品の販売 |

↓ 記帳

会 計	
売上	100
仕入	70
利益	30

↓ 報告

利害関係者

※経済活動をすべて金額（お金）によって記録し、その成果を利害関係者
（株主・投資家、取引先など）に報告

は通常広範囲に及ぶため、その財務会計の目的が達成できるように、さまざまな会計ルールが定められています。いわゆる「会計」という場合には、一般的にこの財務会計を指す場合が多いといえます。

　一方、管理会計とは、会社内部の者（経営者、従業員）に対する経営管理目的のために行われる会計です。たとえば、会社の予算上は1億円の利益を見込んでいたが、実際の利益は8000万円しか獲得できなかった場合、その差額の2000万円の原因がどこにあったのか、そして今後予算以上の成果を上げていくにはどうすればよいのか（例　製品の販売単価を上げればよいのか、製品の製造原価を下げればよいのか）など、これらの改善のために役立つのが管理会計です。管理会計は社内目的用の会計のため、財務会計に比べれば標準的なルールは少なくなっています。また、経営管理方法は各社さまざまであるため、管理会計も会社の実情に応じて独自に設定される場合があります。

税務会計

財務会計、管理会計の他に、税金の確保や税金の公平性のため、法人税などの税金を正確に計算することを目的とする税務会計がある。

会計と簿記の関係

簿記は取引を記録し、会計は決算書の形で報告する

■ 簿記とは（簿記の役割）

簿記は、英語では "Book Keeping" といい、「記録をする」ということを意味しています。具体的には、取引を仕訳という形で帳簿（Book）に記録します。仕訳とは、取引の一つひとつを、勘定科目と金額、そして「借方」「貸方」という簿記ならではの独特の手法を使って表わすことをいいます。

たとえば、「商品を現金100円で販売した」という取引を仕訳で表わすと次のようになります。

（借方）現金 100（貸方）売上100

取引のたびに、このような仕訳を記帳し、そしてすべての仕訳を資産・負債・純資産・収益・費用の5つのいずれかに区分集計して、最終的に決算書を作成することになります。

■ 会計との関係

簿記は、仕訳の作成や記帳の仕方、そして最終的な決算書を作成するまでのルールを扱います。一方、会計はその決算書の作成や報告、また会社の成果をより的確に表示していくには、その決算書の作成のルールの背後にある考え方がどのようになっているのかということも含めて扱います。

これを料理に例えるならば、簿記とは「料理の作り方」を学ぶことだといえます。ここで、カレーライスを作る場合を考えてみましょう。材料として、じゃがいも・玉ねぎ・にんじん・カレーのルーなどがありますが、その与えられた材料（取引）を使い、鍋などに煮込んで（記帳する）、そして最後にご飯と合

複式簿記の起源
複式簿記がいつ登場したのかは古代なのか中世なのか定かではないが、借方・貸方の考え方は古くから採用されていた。1494年にイタリア人の数学者ルカ・パチョーリが世界で初めての複式簿記の教科書を著している。

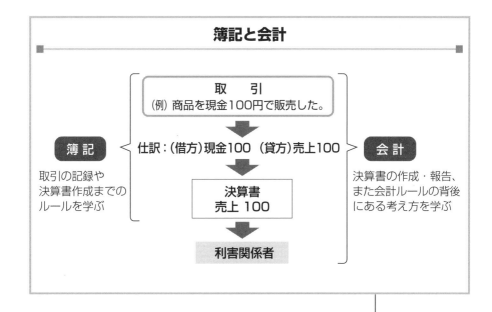

簿記と会計

取 引
(例) 商品を現金100円で販売した。

簿記 — 取引の記録や決算書作成までのルールを学ぶ

仕訳：(借方)現金100　(貸方)売上100

決算書
売上 100

利害関係者

会計 — 決算書の作成・報告、また会計ルールの背後にある考え方を学ぶ

わせて盛り付けてカレーライスが完成する（決算書が完成する）というように、一定のレシピ（簿記のルール）に従って、料理の作り方（簿記の一巡の処理）を扱うということになります。

　一方、会計も料理に例えるならば「この料理がどうしてこのような味になったのか（なぜこのような業績に至ったのか）」を知り、それを説明するということになります。たとえば、甘いカレーを作りたかったのに辛くなってしまったのはなぜなのかとか、もっとおいしいカレーを作るにはどのようなレシピにすべきか、というようなことを考えていくのが会計の役割です。これは、会計は英語では "Accounting" といい、通常の「数を数える」ということの他に「説明」というニュアンスがあるためです。具体的には、会社などの事業を行うために資金を出してくれた人（出資者など）に対して、事業の成果（業績）がどのようになったのかを説明することを意味します。

会計と税金の関係

■ 会社が支払う税金にはどんなものがあるのか

　会社が支払う代表的な税金には、年1回の決算に基づいて税務申告をして納付を行う法人税、住民税、事業税、消費税があります。法人税は、国に対して支払う国税です。

　住民税は、会社が所在する地方自治体に対して支払う地方税で、都道府県に支払う道府県民税と、市町村に支払う市町村民税があります。

　事業税も住民税と同じように地方税であり、会社が事業を行うことに対して課される税金で、所在する都道府県に納付します。

　消費税は、消費税の納税義務のある課税事業者が、消費者に対して販売した商品に付された消費税を預かり、それを決算で集計して納付します。消費税率は令和元年10月より10％となりましたが、そのうち7.8％は国税として2.2％は地方税として納付します。

　その他、会社で発生する税金として、固定資産の購入・保有などに対して課される不動産所得税、登録免許税、固定資産税、都市計画税、償却資産税があります。そして輸入を行う場合には関税が発生します。また、契約書や領収書などを作成する場合には、その文書に収入印紙を貼ることで納付される印紙税があります。さらに、従業員の給与等に対して所得税の一部として会社が代わりに支払う源泉所得税、一定の指定都市等に事業所を設けている会社が支払う事業所税など、さまざまな税金があります。

主な税金の種類

税　金	内容など
法人税	会社の儲けに対して課される税金（国税）
住民税	会社の儲けに対して課される税金（地方税）
事業税	会社が事業を行うことに関して課される税金（地方税）
消費税	課税事業者が消費者から預かった消費税を支払う（国税、地方税）
不動産取得税	不動産の取得時に課される税金（地方税）
登録免許税	不動産の登記時に課される税金（国税）
固定資産税・都市計画税	不動産を保有することに対して課される税金（地方税）
関税	輸入品に対して課される税金（国税）
償却資産税	償却資産に対して課される税金（地方税）
印紙税	契約書や領収書等の作成に対して課される税金（国税）
源泉所得税	従業員給与等から源泉徴収して預かった所得税を支払う（国税）
事業所税	一定の指定都市等に事業所を設けることに対して課される税金（地方税）

■ 税金と会計の関係は

　法人税は、会計のルールに基づいて作成した決算書の会計上の利益から、税務のルールに従って税務調整計算が行われ、そこから算定された税務上の利益（課税所得）に対して税率を掛けることで算定されます。住民税や事業税なども法人税と同じように、会計上の利益を基本としてそれぞれの計算ルールに従い、住民税は法人税額に対して税率を掛けて、事業税は課税所得に対して税率を掛けた額で算出されます。

　消費税の計算は、売上に対して預かった消費税から、仕入に対して支払った消費税を差し引いた残りの部分を納めるため、同じように会計を扱うことで計算が可能になります。

　このように税金は会計と密接に関わります。つまり、会計を知らないと税金の計算も行うことができないということになりますので、会計に関する正しい理解はとても重要です。

税務調整

税金計算の基準となる課税所得を算定するために、会計上の利益から、法人税法などのルールに従って加減算して金額を調整することをいう。

会計ルール①（一般原則）

企業会計原則に記された会計上の基本ルール

会社法は貸借対照表・損益計算書・株主資本等変動計算書・個別注記表を、計算書類として定めている。金融商品取引法では「財務諸表等規則」により、貸借対照表・損益計算書・株主資本等変動計算書・キャッシュ・フロー計算書を決算書（財務諸表）として定めている。

絶対的真実と相対的真実

絶対的真実とは「真実は1つである」ということ、相対的真実とは「真実は相対的であり、会計処理が複数認められているように、会社の処理の選択や会計上の判断などによって真実は必ずしも唯一に定まるわけではない」ということである。真実性の原則でいう真実性とは、相対的真実を意味していると考えられている。

複式簿記

一定の要件に従った正確な会計帳簿を作成し、正確な会計帳簿に基づき財務諸表を作成する会計帳簿のこと。

■ 一般原則とは

　財務関係の書類の適性を判断する基準である「企業会計原則」には、「一般原則」という企業会計の基本ルールが定められています。一般原則とは、次の7つの原則のことです。

① 真実性の原則

　企業会計では、企業の財政状態および経営成績に関して、真実に基づいた会計帳簿並びに財務諸表を提供しなければならないという原則です。企業会計原則のルールは、すべて真実の会計報告をめざすために設けられています。そのため、真実性の原則は、企業会計原則の最上ランクの原則とされています。

② 正規の簿記の原則

　企業会計は、すべての取引につき、正確な会計帳簿を作成しなければならないという原則です。

　正確な帳簿なくして、正確な財務諸表の作成はありえません。そのため、正確な会計帳簿を作成する義務には、同時に正確な財務諸表を作成する義務も含んでいます。

③ 資本取引・損益取引区分の原則

　資本取引と損益取引とを明瞭に区別し、とくに資本剰余金と利益剰余金とを混同してはならないというルールです。

　資本剰余金とは、たとえば資本が増えた場合に資本金として組み入れなかった際に計上されるものです。一方、利益剰余金とは、会社が利益を出した場合に計上されます。会計帳簿の作成は、これらの違いを理解した上で行う必要があります。

④ 明瞭性の原則

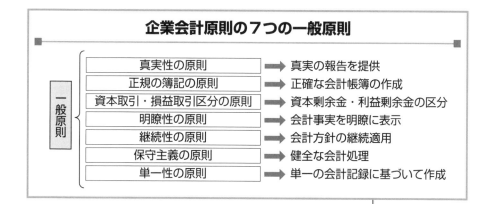

企業会計原則の7つの一般原則

一般原則		
真実性の原則	➡	真実の報告を提供
正規の簿記の原則	➡	正確な会計帳簿の作成
資本取引・損益取引区分の原則	➡	資本剰余金・利益剰余金の区分
明瞭性の原則	➡	会計事実を明瞭に表示
継続性の原則	➡	会計方針の継続適用
保守主義の原則	➡	健全な会計処理
単一性の原則	➡	単一の会計記録に基づいて作成

　企業会計は、財務諸表によって、利害関係者に対し必要な会計事実を明瞭に表示することで、企業の財務状況に関する誤った判断を防がなければなりません。

⑤　**継続性の原則**

　企業会計における方針、つまり会計処理の原則や手続きは毎期継続して適用しなければならないというルールです。会計方針を自由に変更すると財務諸表の整合性が損なわれてしまうため、みだりに変更することは禁じられています。

⑥　**保守主義の原則**

　企業の財政に不利な影響を及ぼす可能性がある場合には、これに備えて適当に健全な会計処理をしなければならないという原則です。この原則では、将来想定される問題に備え、利益を控えめに出すなど慎重な判断をするように定めています。

⑦　**単一性の原則**

　企業の会計帳簿はただ1つだけでなければならないという原則です。企業では、さまざまな目的に基づき複数の財務諸表を作成しなければなりません。しかし、これらの財務諸表はすべて1つの会計帳簿をもとに作成しなければならず、特別な目的のために真実の表示をゆがめる行為は禁じられています。

会計ルール② （費用や売上の計上基準）

費用は発生主義、収益は実現主義により計上する

■ 費用の認識は発生主義による

　収益と費用の計上時期は、企業会計原則で「すべての費用及び収益はその支出及び収入に基づいて計上し、その発生した期間に正しく割り当てられるように処理しなければならない。ただし、未実現収益は、原則として当期の損益計算に計上してはならない」と規定されています。つまり、会計期間に発生した費用はその会計期間の費用として計上しなければなりません。

　現金支払の時期と、モノの受渡し・サービスを受ける時期にはズレが生じる場合があります。たとえば、3月決算の会社が事務所を賃借しており、2月までの家賃を現金支払したものの、3月末の時点では3月分の家賃を支払っていなかったとします。

　現金主義に基づく場合は、家賃支払いは11か月分のみです。しかし、発生主義に基づいた場合は、現状として家賃を支払っていない3月も賃借が成立するため、決算時には3月分の家賃を計上しなければなりません。

■ 収益の認識は実現主義による

　収益の計上は、費用の計上基準に比べ厳しく定められ、実現主義が取られています。

　つまり、収益が実現した時点（実際の商品・製品の販売時点）をもって計上する必要があります。「未実現収益」を当期の損益計算に計上してはいけません。

　収益の計上時期である「販売」がどの時点で行われたか、という点については、出荷基準・検収基準などの基準があり、現

発生主義

現金の支出や収入のタイミングに関係なく、たとえば費用であれば、資産を使用したときなどの経済的な価値が減少したときに、費用認識するという考え方。仮に収益を発生主義で計上する場合には、モノが生産された段階で経済的な価値が増加することになるため、販売前に収益が計上されてしまうことを意味する。

実現主義

現金の支出や収入のタイミングに関係なく、たとえば収益であれば、モノを実際に販売した（相手先に引き渡した）ときに収益認識するという考え方。

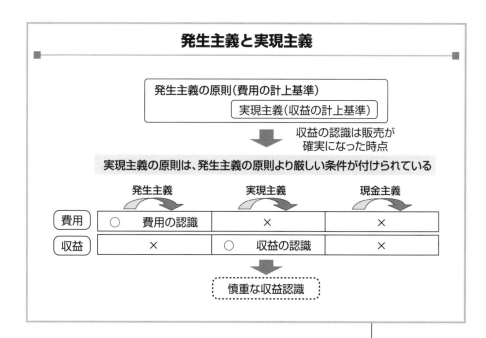

発生主義と実現主義

発生主義の原則（費用の計上基準）

実現主義（収益の計上基準）

収益の認識は販売が
確実になった時点

実現主義の原則は、発生主義の原則より厳しい条件が付けられている

	発生主義	実現主義	現金主義
費用	○　費用の認識	×	×
収益	×	○　収益の認識	×

慎重な収益認識

金主義のような現金での支払いを受けた場合の収益計上は原則
として認められていません。収益の計上は、費用の計上よりも
慎重に行うことが求められています。

■ 費用収益対応の原則とは

　正しい期間損益の計算のためには、費用収益対応の原則に基
づき、当期に実現した収益に対して、それを得るために要した
発生費用を対応させて行います。

　費用と収益の対応形態には、個別的対応と期間的対応の2種
類があります。個別的対応とは、収益を獲得するために要した
費用を、その獲得した収益に完全に対応させる方法で、売上高
とそれに対応する売上原価がこれにあたります。一方期間的対
応とは、一会計期間に計上した収益に対し、同一会計期間に発
生した費用を対応させる方法が期間的対応です。減価償却費の
計上などがこの対応形態です。

会計ルール③
（資産の計上基準）

購入した値段で計上する取得原価主義が会計上の基本
原則である

■ 取得原価主義とは

　貸借対照表に記載する資産の価額は、原則として、その資産
の取得原価、つまり購入した値段で計上します。取得原価主義
とは、このように資産の評価額をその資産を取得するために要
した実際の支出額とする考え方をいいます。

　たとえば、10年前に1億円で買った土地の値段が、現在7000
万円だった場合においても貸借対照表には時価の7000万円で計
上するのではなく、当初買った時の支出額である1億円で計上
することになります。

　なぜ、「取得原価主義」が会計の基本になっているのかと言
えば、「取得原価主義」に基づいて計上される価額は、実際の
取引額であるため、客観的に明らかな数字で信頼性があるから
です。企業をとりまく利害関係者は株主、債権者、税務当局な
ど数多く存在しますが、この実際の取引額を基に計算された利
益であれば誰もが納得できる金額であるわけです。

　では、このケースで土地を7000万円で貸借対照表に計上した
場合はどうでしょうか。1億円と7000万円の差額の3000万円は
損失（土地評価損）として計上されますので、その分当期純利
益が減少します。株主にとっては受け取る配当金が少なくなっ
てしまいますし、税務当局にとっても、国に納めてもらう税金
が少なくなってしまいます。

　反対に土地の時価が上昇している場合はどうでしょうか。時
価の上昇分は利益（土地評価益）として計上されますので、そ
の分当期純利益は増加します。株主にとっては受け取る配当金

**取得原価主義と
実現主義**

資産を取得原価主義に
基づいて計上するとい
うことは、その生産段
階における価値増加分
にあたる利益、つまり
未実現利益を資産の原
価に含めないというこ
とを意味している。し
たがって、資産の計上
基準である取得原価主
義と、収益計上基準の
実現主義は表裏一体の
関係にあるといえる。

資産の評価

```
        取得原価主義  ----  購入時の価格で評価する基準
資産の評価
        時価主義     ----  期末時(決算時)の価格で評価する基準
```

```
-------- 取得原価主義の長所・短所 --------
長所：客観的に明らかな金額であるため、信頼性がある
短所：過去の価値を表示し現在の価値を示していない
```

は多くなり、税務当局にとっても国に納めてもらう税金は多くなります。しかし、その時価の上昇分は現実に土地を売却して得た利益ではありませんので、資金的な裏付けがありません。それにもかかわらず配当金や税金で資金が出ていってしまうと健全な企業経営はできなくなってしまいます。

　ただし、取得原価主義にも短所があります。それは、実際には7000万円しか価値のない土地を、買ったときの1億円で引き続き貸借対照表に計上することには問題があるのではないかということです。つまり、取得原価主義では売却時までは資産の含み損3000万円が貸借対照表に反映されないため、会社として正確な財政状態を知ることができないというデメリットがあります。

　こうした問題点があることから、最近徐々に時価主義の考え方が導入されてきています。貸借対照表の資産を時価で評価することを時価主義といいます。

　時価主義では、取得原価と時価との差額は利益または損失として捉えますので、損益計算書には、実際の売買によって実現した利益または損失の他に、時価の変動による評価益または評価損という利益または損失も一緒に計上されることになります。

Column

日本の会計基準とその歴史

日本の会計基準が正式な制度として適用されたのは、戦後の1949年に大蔵省（現在では金融庁）管轄の企業会計審議会により公表された「企業会計原則」が始まりです。そこでは会計の一般原則の他、損益計算書原則、貸借対照表原則の基本的な事項が扱われています。

企業会計原則は、企業会計の実務の中に慣習として発達したものの中から、一般に公正と認められたところを要約したものであり、法令という位置付けではありませんが、すべての企業がその会計処理を行うにあたり従わなければならない基準として、日本の高度経済成長期を中心に支えてきました。しかし、経済取引の複雑化やグローバル化などに伴って、「企業会計原則」だけでは企業の経済的実態を正しく反映できなくなったため、1990年代には連結財務諸表制度の強化、部分的に時価会計を取り入れた金融商品会計基準、新たな財務諸表としてキャッシュ・フロー計算書の導入などに伴い、個々の会計基準が設定され多くの会計基準書が登場するようになりました。

また、経済環境の変化や社会のニーズに応じて新たな会計基準の設定が迅速に行えるように、2001年より会計基準の設定機関が公的機関である企業会計審議会から、民間の財団法人である財務会計基準機構の企業会計基準委員会（ASBJ）に変わりました。現在の日本の会計基準は、「企業会計原則」の他、ASBJが設定した「企業会計基準」「企業会計基準適用指針」「実務対応報告」の会計基準書（現在延べ約80種類）が中心となっています。

一方で、このような多数の会計基準の主な適用対象は、複雑な経済環境を前提とした大企業に対するものです。たとえば非上場会社で会社規模も大きくない一定の中小企業に対しては、一部の会計処理を簡便化した「中小企業の会計に関する指針」による処理を認めるなど、企業の置かれた環境に見合った会計基準の運用がなされています。

PART 2

簿記と仕訳

複式簿記と仕訳（借方と貸方）

複式簿記で重要な借方と貸方を理解する

■ 簿記の知識なくして会計・経理業務は務まらない

　簿記とは、仕入や販売、売上や支払による金銭の日々の収支取引を、一定のルールに従って正確に記録・集計・整理し、最終的に決算書を作成するまでの一連の作業のことです。以前は一つひとつの作業を手作業で行っていた簿記ですが、近年は正確性と時間短縮などの目的からパソコン会計が主流です。

　企業は、原則として1年に1度、年度ごとに決算書を作成します。決算書を作成する時期は会社ごとに異なり、その時期に応じて年度の時期も異なります。たとえば、3月決算の会社の場合は、4月1日から翌年3月31日までが一つの年度です。

　決算書の主な内容は、貸借対照表と損益計算書です。貸借対照表とは、企業の一定時点（主に決算日）における財政状態を表わすものです。一方、損益計算書は、企業の一会計期間における経営成績を表わすものです。貸借対照表と損益計算書を完成させることで、決算期における会社の財政状態と経営成績を明らかにすることができます。そして、これらの決算書を完成させることが、簿記の最終目的といえます。

■ 単式簿記の欠点と複式簿記

　簿記には、ルールの違いによって、単式簿記と複式簿記の2種類があります。単式簿記とは、一定期間におけるお金の単純な出入りだけを時間の経過通りに記載する方法です。お小遣い帳がこれに近いといえるでしょう。単式簿記は、単純にお金の入出状況を記すため、わかりやすいという点にメリットがあり

貸借対照表の記載事項

左右に分かれた表で、左側が借方と呼ばれ、資産を計上する。
右側が貸方と呼ばれ、負債、資本、当期損益を計上する。
貸借対照表の右側と左側の各々の合計金額は必ず一致することから、英語でバランス・シート、またはB/S（ビーエス）と呼ばれる。

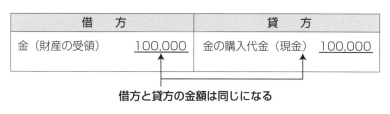

複式簿記の例

● 現金10万円を使って金を購入したケース

借　　方		貸　　方	
金（財産の受領）	100,000	金の購入代金（現金）	100,000

借方と貸方の金額は同じになる

ます。しかし、単式簿記では、お金の出し入れの原因が何であるのかが明確にならないという問題点があります。たとえば、借入により預金が増加した場合、単式簿記では収入に計上するため残高が増加し、借入の事実が明らかにされません。

　一方、複式簿記は、財産の増減まで見えるように、モノやお金の出入りを記載する方式です。複式簿記では、同じ入金でも、借金で得たのか、働いて得たのかを明確にすることができます。モノやお金の出入りを把握するために、入金時であればその理由、出金時にはそのお金が何に変わったのかを見ることも可能です。先ほどの例の「借入により預金が増加」した場合も、複式簿記を使えば、預金の増加という資産の増加と借入金の増加という負債の増加の状況を同時に把握することができます。

【例】借入によって預金が100が増加する。

　　　借方　預金100　　　　　　貸方　借入金100
　　　　　　↓　　　　　　　　　　　　　↓
　　　預金（資産）が100増加　　　借入金（負債）が100増加

複式簿記によって、企業の財産まで含めたお金の動きを把握しなければ、企業の本当の姿はわかりません。そのため、企業の場合は複式簿記で金銭の収支取引を管理することになります。

■ 取引を分けて記載するのが仕訳

複式簿記で記帳するということは、お金の「取引」を記載することです。複式簿記は通常、日付、借方、貸方、金額、摘要の項目が設定されています。

複式簿記では、取引を帳簿に記入する際、帳簿を左右に区別し、取引ごとに左と右の両側に分けて記録します。左側を借方、右側を貸方と呼びます。このように、取引を借方と貸方に分けて記録することを仕訳といいます。

具体的には、取引の際に「私（家計や商店）がどうした」という項目を借方に、「取引相手がどうした」あるいは「私（家計や商店）はこんなことをした」という項目を貸方に記載します。

それぞれの取引を記録する際は、内容別に名前（勘定科目）をつけます。1つの取引は左右合わせて2つ以上の勘定科目で構成されます。

勘定科目には資産・負債・純資産（資本）・収益・費用という5つの分類があり、記帳するときには、その勘定科目がどの分類にあたるのかを理解する必要があります。また、資産と費用は増えたら借方、減ったら貸方に記入し、負債と純資産（資本）と収益は増えたら貸方、減ったら借方に記載するというルールがあります。

■ 借方・貸方というルールに慣れる

借方と貸方は、取引による財産の変動を「原因と結果」の関係で表わすものです。借方には財産の増加、貸方には財産の減少が記載されます。

たとえば、金の購入で10万円を使った場合、まずは借方と貸

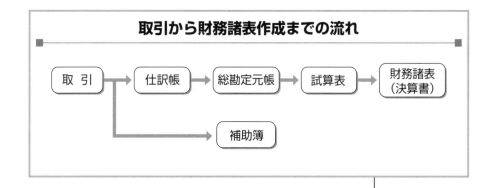

取引から財務諸表作成までの流れ

取引 → 仕訳帳 → 総勘定元帳 → 試算表 → 財務諸表（決算書）

取引 → 補助簿

方の「金額」の項目に10万円と記載します。その上で、借方に「金（財産の受領)」と記載することで、金という財産を得たことがわかります。一方、貸方には「金の購入代金（現金)」と記載します。これは、金を購入できた理由が、「金の販売会社に現金10万円を支払った（販売会社が現金10万円を受領した)」ためです。なお、100万円で車を買った場合も「金額」の項目に100万円、借方に「車」、貸方に「車の購入代金（現金)」と記載します。

入金があった時も同じで、たとえば売上で50万円を得た場合は、借方に「売上受領（現金)」、貸方に「売上金受給（売上)」と記載します。借金で50万円を得た場合は、借方に「現金受領（現金)」、貸方に「現金借入（借入金)」と記載します。

これらの例で使用した勘定科目を5つの分類に分けて考えてみると、金・現金・車は資産、売上は収益、借入は負債になります。資産は増えるときに借方、収益と負債は増えるときに貸方に記入するというルールに従っていることがわかります。

このように、モノやお金の出入りを取引と見て、取引をする自分と相手方の両方をセットにしてお金の増減を同時に記載する作業が、複式簿記のルールです。セットで記載するため、借方と貸方の取引の金額は必ず同じになります。

財務諸表

会社の財政状態や経営成績を株主などに報告するために作成される書類。貸借対照表、損益計算書、キャッシュ・フロー計算書、株主資本等変動計算書から構成されている。

勘定科目

お金の出入りを誰でも一目でわかるようにできるためのテクニック

■ 勘定科目とは

　勘定科目とは、出入りしたお金につけられた見出しのことです。会社のお金を管理する場合、誰が見ても「何に使い、どこから入ってきたお金なのか」を把握できなければなりません。お金の動きに勘定科目という見出しをつけて整理することで、時間が経過しても内容が明らかな状態を保つことができます。

■ 勘定科目ごとにお金の出入りをまとめる

　勘定科目ごとにお金の出入りをまとめるには、具体的な取引をカテゴリー別に分ける必要があります。そして、それぞれのカテゴリーに沿うような勘定科目を設定しなければなりません。

　取引がカテゴリー別にあてはまるように勘定科目を設定するのは、それほど困難ではありません。

　会社の場合には、業種や業態によって取引方法や内容が異なるため、勘定科目も会社ごとに異なります。ただし会社の場合は、株主や債権者、取引先などの利害関係者が多いという特徴があります。そのため、会社の勘定科目は誰が見ても一目で取引がわかるように配慮する必要がありますが、ルールが厳格に決められているわけではありません。

■ シンプルすぎず複雑すぎず

　勘定科目は、「資産」「負債」「純資産」「収益」「費用」という5つのカテゴリーがあります。資産とは「財産」、負債とは「借金」、純資産とは「資本金」、収益とは「収入」、費用とは

５つのカテゴリーに含まれる代表的な勘定科目

資　産	現金、当座預金、普通預金、受取手形、売掛金、建物、土地
負　債	支払手形、買掛金、預り金、借入金、未払金
純資産	資本金、資本剰余金、利益剰余金
費　用	仕入、給料、支払利息、地代家賃、旅費交通費、交際費
収　益	売上、受取利息、受取手数料

「収入を得るために使ったお金」と考えるとよいでしょう。

　会社の取引は、この５つのカテゴリーの中に必ず入ります。５つに簡素化されたことで、会社の収支状況がひと目でわかるという利点がありますが、このカテゴリーに固執しすぎた場合、かえって実体が見えなくなる場合もあります。たとえば、資産には現金、手形、土地、在庫などがありますが、まとめて「資産」として記載すると、会社の実態がわかりづらくなります。

　そこで、実際の簿記では、これらの大きなカテゴリーの中にさらにいくつかの勘定科目を設定して記帳します。そうすれば、会社の実態をよりわかりやすく把握できるようになります。

■ 仕訳の積み上げが決算書

　仕訳は簿記のスタート地点であり、最終目的は決算です。決算書類の貸借対照表や損益計算書は、上記の５つの要素で成り立ちます。貸借対照表は、「資産」「負債」「純資産」、損益計算書は、「収益」「費用」でそれぞれ構成されています。取引は、２つ以上の勘定科目を使って取引内容を借方と貸方の５つのカテゴリーに仕訳することになります。これを積み重ねた結果が貸借対照表と損益計算書となり、最終的な決算書に結びつきます。

決算
会計期間の帳簿を作成することで会社の損益や資産・負債などを計算し、財務諸表を作成して会社の経営状態を明らかにする。

「資産」「負債」「純資産」の区分

会社の支払能力や価値が明らかになる

資産

資産に共通しているのは、一般的には換金性があること、つまりお金に換算することができるものである。会社の保有するすべての資産を現金的価値に換算して可視化することにより、その会社の規模や支払能力、経済的体力などが明らかになる。

負債と債務の関係

負債のほとんどは「債務」である。しかし、現在の債務ではないが、将来発生するかもしれない経済的負担に備えてあらかじめ負債を計上する場合がある。たとえば、賞与や退職金の支払いに備えて計上する「引当金」がある。

資本金

事業を始めるための準備資金として株主が会社に渡したお金やモノ（現物出資）である。この資本金には返済義務はない。

■ 資産とは

　会社が保有する財産のことを資産といいます。一般的に財産と言えば、現金や預金の他、不動産や株式、絵画などというような、金銭的価値の高いものをイメージするかもしれませんが、資産にはこれらの他に、将来お金を受け取る「権利」のような目に見えない財産や、将来の費用として計上されるものも含まれます。

　会社が資産を取得するのは、取引先から事業活動の過程において外部から受け取る場合と、会社が自ら購入したり製作したりして取得する場合があります。事業活動の過程で受け取る場合とは、たとえば商品を販売した得意先から受け取った代金などです。現金で受け取る場合もありますが、頻繁に取引をする相手であれば、1か月分などまとめて請求して、支払いを受けるのが一般的です。請求をしてからお金を受けとるまでの間、得意先からお金を受け取る権利が発生することになります。この権利は「売掛金」という名称の資産となります。将来お金を受け取る権利のことを「債権」といいます。売掛金以外の債権としては、取引先に対する貸付金などがあります。

　会社が自ら取得する資産とは、たとえば事務所用のビルや機械、設備などです。資産の内容を見れば、会社のお金の使い途も明らかになります。

■ 負債とは

　負債とは、わかりやすくいうと借金のことです。銀行からの

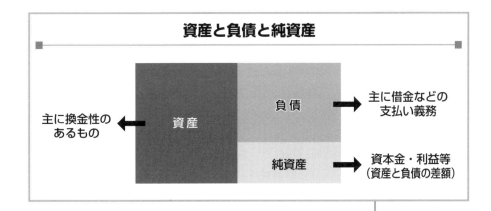

資産と負債と純資産

主に換金性の
あるもの ← 資産

負債 → 主に借金などの
支払い義務

純資産 → 資本金・利益等
（資産と負債の差額）

借入などのような借金の他に、たとえば請求書の支払いや、従業員への給与、税金の未払いなど、将来お金を払う義務（債務）のあるものすべてが負債となり、会社が負っている経済的負担を意味します。

　負債の金額には、たとえば「借用書」や「請求書」「契約書」などのような客観的な裏付けがあるのが特徴です。

■ 純資産とは

　資産や負債とは異なり、純資産には実態がありません。そのため資産、負債と比べると少しイメージしにくいかもしれません。純資産とは、資産から負債を差し引いた単なる差額です。逆に言えば、資産と負債の額がわからなければ、純資産の額はわからないということです。なぜ差額を1つの分類とする必要があるのかと言うと、純資産は会社の価値を表わす1つの重要な要素であるためです。仮に会社の保有する資産をすべて換金して負債を清算したとして手元に残る金額、つまり会社自身で自由に処分できる正味の財産、それが純資産です。

　純資産は、大きく分けて主に2つの財源から成り立っています。会社を設立した時に株主から出資を受けた資本金と、事業によって儲けた利益です。

利益と純資産

会社が資本金を元手に行った事業で利益が出た場合、その利益は資本金と同じ純資産の一部として蓄積される。つまり黒字経営が続くと、純資産も増加していく。

配当

株式会社の場合、会社が稼いだ利益の一部は、「配当」として株主にも分配される。株主側が出資を行うメリットとしては、会社が大きく利益を出すと、配当収入が期待できるという面がある。

３つの資産と２つの負債

資産や負債は流動性の状況などにより分類される

■ 資産の分類

資産は、「流動資産」「固定資産」「繰延資産」の３つに分けられます。

① 流動資産

企業が保有する資産のうち、主に１年以内に現金として回収されるものです。流動資産とは、流動性が高い、つまり現金化しやすいことを示します。債務などの支払いを行うには現金が必要となるため、支払不能や資金ショートを起こさないように、流動資産が多く確保されていることが重要となります。代表的な勘定科目としては現金、預金、受取手形、売掛金、前払費用、商品、短期貸付金などがあります。

② 固定資産

企業の保有資産のうち、容易には現金化されない資産で、販売目的ではなく、通常は１年を超えて継続的に会社で使用したり投資をしている資産をいいます。固定資産は有形固定資産、無形固定資産、投資その他の資産に細分化されます。「有形固定資産」とは、固定資産のうち、建物、機械装置、車両運搬具、土地などのように、実際に物としての実体がある資産です。

「無形固定資産」とは、固定資産のうち、のれん、特許権、ソフトウェアなどのように形がないものをいい、経済的な収益力や、法律または契約などで認められた特別な権利をいいます。

「投資その他の資産」とは、固定資産のうち、投資有価証券、出資金、長期貸付金などのようなものを指します。

③ 繰延資産

流動・固定分類

資産や負債の流動・固定分類は、通常は１年以内に現金化または支払が行われるかによって分類される（ワンイヤー・ルール）。しかし、企業の正常な営業循環（商品仕入→商品販売→現金回収など）の過程で発生する資産や負債などは、１年の基準とは関係なく、常に流動資産や流動負債に分類される（正常営業循環基準）。正常営業循環基準で分類される代表的な勘定科目として、売掛金、受取手形、棚卸資産、買掛金、支払手形などがある。

資産と負債の分類

資 産	負 債
・流動資産 （短期的に現金化） ・固定資産 （現金化までに長期） ・繰延資産 （換金性のない特殊資産）	・流動負債 （短期的に要返済） ・固定負債 （支払いまでに長期）

　すでに代金の支払は済んでいて、これに対応するサービスの提供を受けたにもかかわらず、その効果が将来にわたって現れると期待される費用です。

　流動資産や固定資産は、将来にわたる利用価値も含めて、財産的な価値のあるものです。これに対して繰延資産は、財産的な実体もなければ換金価値もありません。繰延資産は、その支出の効果が、将来にわたって長期的に期待されるということから、会計上計上が認められる特殊な資産です。

■ 負債の分類

　負債は、「流動負債」「固定負債」の２つに分けられます。

① 流動負債

　企業の負債のうち、主に１年以内に支払いが行われるものをいいます。代表的な勘定科目としては支払手形、買掛金、短期借入金、未払金、未払費用などがあります。

② 固定負債

　企業の負債のうち、通常は支払期限が１年を超えて支払が行われるものをいいます。代表的な勘定科目としては長期借入金、社債、退職給付引当金などがあります。

繰延資産として計上できるもの

換金価値のない資産が多数計上されることがないように、会計上繰延資産として計上できるものは限定されている。繰延資産として計上が認められているのは、創立費、開業費、株式交付費、開発費、社債発行費等である。

「収益」「費用」の区分

· ·

会社の規模と成績が明らかになる

■ 収益とは

収益とは、会社が事業から得た収入のことで、利益の源ともいえます。収益の中心的な存在は売上です。売上は、商品の販売やサービスを顧客へ提供することで稼いだお金です。売上をあげることは、その会社が本業として行っている事業活動そのものです。まずは活動のメインである本業で収益を増やしていくことが、会社にとって最も重要なことだといえます。

収益には、売上以外の経済活動から得た収入も含まれます。たとえばお金を貸した場合の利息や、設備などを売却した場合の売却収入、保険金収入などです。このように、会社の増益に貢献するものは、すべて収益に含まれます。収益に分類することにより、収益として取引した全体の金額が明らかになります。取引量が多いほど、収益の金額も大きくなりますので、収益の総量を金額で把握することにより、その会社の事業的規模を知ることができます。

■ 費用とは

会社が事業活動を行っていくためには、たとえば販売する商品の仕入や、従業員に支払う給料など、ある程度お金を使って環境を整える必要があります。このように収入を得るために使ったお金のことを費用といいます。

ではどのようなものが費用になるのでしょうか。たとえば商品の製造費用や仕入金額など本業のために使った支払いや、電車代や電話代などの経費です。また、事業に直接的に関係のな

収益と収入

「収入」はすべて収益になるというわけではない。収入とはお金が入ってくることをいうが、お金が入ってくる場合には、他にも資産である「債権」が現金化した場合や、負債である借入による収入も考えられるためである。収入を分類する場合、まずはその内容が何であるかを確認する必要がある。

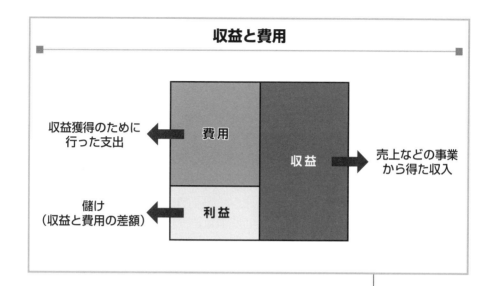

収益と費用

収益獲得のために行った支出 ← 費用

収益 → 売上などの事業から得た収入

儲け（収益と費用の差額）← 利益

いものでも、経営していく上で必要な支出であれば費用に含まれます。たとえば借入金の利息や税金、取引先との飲食代なども費用となります。

　これらの費用を大きく1つの分類とすることで、収益から費用を差し引いた利益の額を計算することができます。また、収益と費用を比較することで、効率よく稼いでいるかどうかが明らかになります。収益と費用から、会社の経営成績が明らかになるというわけです。

　なお、収入を得るために使ったお金は、資産として分類される場合もあります。資産と費用の違いは、使ったお金が形に残るものになるかどうかというところにあります。建物や機械など、形に残るものは資産です。たとえば仕入れた商品も、売れ残って倉庫に置かれている段階では、「棚卸資産」という資産になります。判断が難しいのは文房具などの少額の消耗品ですが、簡単に説明すると、金額が少額なものや短期間で消費してしまうものに関しては費用の取扱いになります。

費用と支出

収益と収入が必ずしも同じではないのと同様に、「支出」がすべて費用になるというわけではない。支出とはお金が出ていくことをいうが、お金が出ていく場合には、他にも仕入代金の未払である「債務」を支払った場合や、借入の返済による支出も考えられるためである。支出を分類する場合でも、まずはその内容が何であるかを確認する必要がある。

５つの利益と儲けのしくみ

正しい経営成績の判断を可能にするため段階利益を表示する

■ 段階ごとに利益を表示する理由

　企業の損益は、その会計期間の全収益から全費用を差し引くことで求めます。しかし、この計算では企業の利益総額はわかるものの、利益が生じた理由まではわかりません。企業としては、利益の理由が明確にわからない場合、正確な収益力などを把握することができません。これは、会社の本業による利益か、臨時的な利益かでは大きな違いがあり、一時的の利益では真の実力かどうかがわかりません。

　このような理由から損益計算書では、段階的な利益を明らかにする必要があります。具体的には、①売上総利益、②営業利益、③経常利益、④税引前当期純利益、⑤当期純利益の５段階に分けて、儲けのしくみを明確にします。

① 売上総利益

　売上高から売上原価を差し引いたものを売上総利益といい、粗利や荒利ともいいます。売上総利益とは大雑把な利益のことで、５段階におけるもっとも基本的な利益です。

② 営業利益

　売上総利益から販売費及び一般管理費を差し引いたもので、会社の営業活動によってもたらされた利益のことです。この営業活動とは、会社が本業として行っている商品の売買やサービスの提供などの活動のことです。営業利益によって、その企業の本業の収益力を測ることができます。

③ 経常利益

　営業利益に営業外収益と営業外費用をプラスマイナスした利

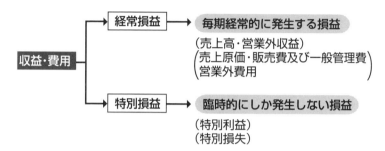

費用および収益の経常性という観点からの分類

費用および収益は、それが毎期経常的に発生するものなのかどうかにより
経常損益と特別損益とに分類することができる

収益・費用 → 経常損益 → **毎期経常的に発生する損益**

（売上高・営業外収益）
（売上原価・販売費及び一般管理費）
（営業外費用）

特別損益 → **臨時的にしか発生しない損益**

（特別利益）
（特別損失）

益のことです。営業外収益・費用とは、その会社の基本的な営業活動以外から生じる収益や費用で、企業の財務活動から生じた受取利息や支払利息などがあります。

④　税引前当期純利益

経常利益に特別利益と特別損失をプラスマイナスした利益のことです。特別利益・損失とは、経常的な事業活動以外から発生した利益や損失のことです。たとえば、土地を売却した際の利益や、工場が火災に遭った際の災害損失など、臨時的に発生する項目です。このような臨時的な損益も含めた包括的な利益を税引前当期純利益といいます。

⑤　当期純利益

税引前当期純利益から法人税等を差し引いた利益のことです。会社の利益には、法人税・住民税・事業税などの税金がかかります。税金とはいえ、現金が出ていくという意味では、人件費や支払利息などの経費と何ら変わるところはありません。当期純利益とは、これらの出費分を差し引いた、事業年度の最終的な成果を表わす利益です。

法人税の税率

法人税は、会社の利益（正確には法人税法上の課税所得）の23.2%である。ただし一定の中小企業、公益法人など、その法人形態や課税所得の水準によって、15％や19％などの軽減税率もある。

会計帳簿などの管理

総勘定元帳や補助元帳、現金出納帳、仕訳（日記）帳
などがある

■ 会計帳簿の種類

　取引を行う際は、内容や金額を取引先へ通知し、取引の事実
を記録するために会計帳簿を作成します。会計帳票のうち、1
つの取引ごとに単票形式で作成したものを「会計伝票」、現金
取引や手形取引などの一定の取引のみを集め、その履歴を時系
列で記録したものを「会計帳簿」といいます。主な会計帳簿に
は、総勘定元帳、補助元帳、現金出納帳、仕訳（日記）帳、手
形帳、売掛帳、買掛帳などがあります。他にも会社の業務形態
に応じたさまざまな会計帳簿があります。

■ 伝票・証憑書類の整理

　伝票や証憑書類の整理は、月別、日付順に通し番号をつけ、
ファイリングなどをして保存します。また、科目別（日付順、
内容別、相手先別）に整理する方法があります。整理した書類
は、法律で定められた期間中は保存しなければなりません。

■ 帳簿から決算書類を作成する

　会計帳簿から決算書類を作成する手順として、まず経理で起
票された会計伝票の正確性をチェックします。これは、仕訳帳
に直接記帳される場合もあります。

　次に、日次単位や月次単位で、会計伝票と仕訳帳の仕訳を集
計し、各勘定元帳に集計金額を転記します。これを勘定元帳ご
とに再度集計した上で、勘定ごとの一定期間におけるフロー総
額（取引総額）と一定時点におけるストック結果（最終的な残

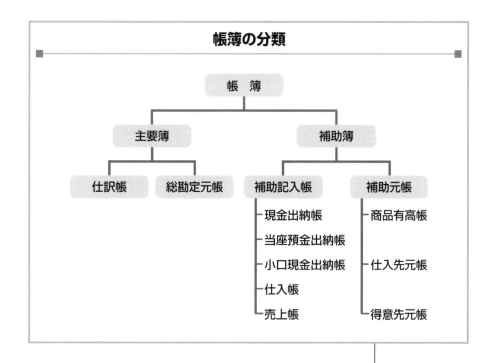

帳簿の分類

```
                        帳　簿
                          │
         ┌────────────────┴────────────────┐
       主要簿                            補助簿
         │                                │
    ┌────┴────┐                  ┌────────┴────────┐
  仕訳帳   総勘定元帳          補助記入帳         補助元帳
                                │                 │
                              ─現金出納帳        ─商品有高帳
                              ─当座預金出納帳
                              ─小口現金出納帳    ─仕入先元帳
                              ─仕入帳
                              ─売上帳           ─得意先元帳
```

高）を求めます。合計残高試算表（T/B）の形にまとめたフローとストックが各勘定の残高金額として把握され、その上で勘定科目を表示用に組み替えると決算書が完成します。

　手作業で行うと、記帳から決算書作成まで相当な事務負担が伴うため、現在では中小企業もパソコンによる記帳が主流です。業種、規模によって何通りも構成が考えられる帳簿組織ですが、会計事務はパソコン化に適した作業であるため、高機能な経理用アプリケーションが多数あります。初心者でも、複式簿記による記帳が比較的容易にできます。

　また、経理の手順を知らなくても、何らかの取引や残高に関するデータを入力すれば、必要帳票類や決算書類が出力されます。そのため、会計事務所に依頼せずに企業自らが記帳した場合でも、集計転記に手間はかかりません。決算の精度は日々の取引データ入力の正確性と適時性が非常に重要です。

フロー
取引による増減金額の総額。

ストック
最終的な残高。

合計残高試算表（T/B）
合計試算表と残高試算表をまとめたもの。決算を行う際、帳簿から総勘定元帳などへの転記が正しく行われているかをチェックするための表。T/Bは、trial balanceの略。

取引記録の保存方法

ファイル化してしっかりと保存する

■ なぜ管理しておく必要があるのか

　日常の取引の中で、相手方との間で取引があったことの証拠となる書類（証憑書類）のやりとりが発生します。証憑書類には注文書、領収書、請求書、商品受領書などがあります。たとえば、顧客へ渡した商品受領書の控えは、仕入高の計上元となりますし、逆に顧客へ渡した請求書の控えであれば、売上高の計上元となります。また、預金通帳からは、お金の入出状況を読み取ることもできます。

　このように、証憑書類は経理において非常に重要な記録書類といえます。領収書などの書類には、経費処理などの申告の正しさを税務署へ証明するための証拠書類としての働きもあります。会社が作成したり受け取った証憑書類やそれらを整理した帳簿類については、税務署による税務調査で提出を求められる場合があります（次ページ図参照）。税務調査の他にも、後で取引内容を確認しなければならない状況になった場合などのために、きちんと整理しておく必要があります。

　なお、帳簿書類の備え付け、記録または保存が法令に従って行われていない時は、青色申告が取り消されてしまうことがあります。この場合は、特別償却など青色申告のさまざまな特典が適用されず、税務上不利な扱いとなりますので注意が必要です。

■ 保存期間は法で定められている

　法人税に関する帳簿書類の保存期間は一律7年間（平成30年4月1日以後に開始する欠損金が生ずる事業年度においては10

税務調査

法人や個人が、正しい税務申告や納税が行われているかを調査すること。税務調査は、通常その所在地を管轄する税務署が行うが、大企業などの規模が大きい場合ではその上位組織である国税局が行う。

税務調査の対象になる書類

帳簿関係	総勘定元帳や現金出納帳、売上帳、仕入帳、決算書など
証憑関係	請求書や領収書、注文書、納品書、小切手帳、手形帳、賃金台帳、出退勤記録簿、タイムカードなど
文書関係	議事録や契約書など
その他	預金通帳やパソコンなど

年）です。ただし、会社法では、帳簿の保存期間は10年となっているため、結局のところ帳簿書類は10年間保存しなければなりません。

　帳簿書類の保存方法は、紙による保存が原則です。そのため、電子計算機（パソコンなど）で作成した帳簿書類は、原則として電子計算機から印刷した紙媒体で保存する必要があります。一定の場合であれば電子データで保存することが可能です。

　伝票や証憑書類の整理は、38ページで説明したように、月別、日付順、科目別などの方法により行います。その他、業務上保存する必要がある書類については、別途規程を作るとよいでしょう。

　なお、文書は、保管年限ごとに色別にファイルに綴じておくことで、その後の処理も非常に効率がよくなります。

　このような形で伝票や証憑書類をきちんと整理するということは、会社のお金の流れを管理するという経理の基本的な仕事の他、誰に対しても、お金の流れが不正なく行われていることの証明にもなります。そして、いつでも証明できるようにしておくことも、経理としての大切な仕事のひとつだといえます。

伝票の取扱い

■ 伝票の種類

　発生した取引は、仕訳帳に記録する場合と、伝票によって記録し、作業の分担と効率化を図る場合があります。仕訳帳も伝票も、総勘定元帳への転記元です。伝票会計制度には、１伝票制、３伝票制、５伝票制があります。

　なお、伝票の種類には、以下の種類があります。

① 仕訳伝票（仕訳帳の代わりに記録する個々の取引）

② 入金伝票（現金の入金に関する取引）

③ 出金伝票（現金の出金に関する取引）

④ 振替伝票（現金に関係のない取引）

⑤ 売上伝票（売上に関する取引）

⑥ 仕入伝票（仕入に関する取引）

■ パソコン会計で伝票を処理する場合の注意点

　一昔前の伝票会計では、伝票そのものを綴りこみ、帳簿への記載を不要とした方法が多く用いられていました。

　一方、最近では、多くの企業でパソコン会計を用いています。独自のパソコン会計を使用する企業では独自の伝票を使用するため、中にはペーパーレスで伝票形式のデータのみを作成する会社もあります。

　パソコン会計では、個々の取引を伝票に記録します。具体的には、各種の伝票に記録した内容を、会計ソフトに入力する方法です。

　入力データにより、売上や仕入の状況などの知りたい情報を

伝票の摘要欄

「取引日」「取引を行った役職員名」「経費の目的や内容」「支払った取引先の会社名や担当者名等」「支払先の詳細やどこで費用が発生したのか」「単価など支払金額の詳細」などの項目を記入する。ただし、すべての伝票に詳細に記入する必要はなく、目的が明らかなものは、省略が認められている。

伝票制

1 伝票制	仕訳伝票
3 伝票制	入金伝票、出金伝票、振替伝票
5 伝票制	入金伝票、出金伝票、振替伝票、売上伝票、仕入伝票

容易に確認することができますが、最初の記録段階で誤りがあると、すべての帳票に影響が発生します。

　紙での転記作業に比べ、パソコン画面ではミスを見逃しやすいものです。データ元の伝票を作成、入力の際には注意する必要があります。

■ 伝票の書き方

　伝票とは、取引ごとに日時、物、量、金額を記したもので、取引の発生時に毎回起こします。

　伝票を起こすとは、会計担当者が、前述の6種類の伝票内の項目（取引日、領収書や請求書など取引の証拠となる書類のNo、取引先の名前、勘定項目、取引金額、取引の内容（摘要）、消費税など）に、必要事項を記入することです。

　伝票は、簿記で定められた仕訳方法に準じて記入しますが、パソコンを使って入力する場合は摘要欄を有効活用します。

■ 入金伝票と出金伝票の仕訳

　伝票には、項目にただ必要事項を書き込めばよいわけではなく、複式簿記の原則に従う必要があります。複式簿記であれば借方と貸方の2つの勘定科目がありますが、入金伝票と出金伝票は目的が決まっているため、勘定科目が1つしかありません。

　入金伝票の借方は現金、出金伝票の貸方は現金と初めから決

入金伝票
現金が会社に入ってくる取引を記録する伝票。

出金伝票
会社からお金が出ていく取引を記録する伝票。

められているため、「現金」の勘定項目、つまり入金伝票の借方および出金伝票の貸方の勘定項目が省かれています。

■ 入金伝票と出金伝票の具体的な記入方法

入金伝票の例として、たとえば10,000円の商品を販売し、代金を現金で受け取った場合、複式簿記の仕訳処理は以下の通りです。

（借方）現金 10,000円／（貸方）売上 10,000円

入金伝票の場合は、借方が「現金」となり、貸方の「売上」のみを勘定科目欄に記入します。金額および合計欄は、借方・貸方とも同額で10,000円です。摘要欄には販売商品名などを記入します。記載時には、日付・Noなどに加え、書き足しなどによる不正を防ぐため合計欄も忘れずに記入します。

次に、出金伝票の例として、1,500円の文房具（事務用品費）を現金で購入した場合、複式簿記の仕訳処理は以下の通りです。

（借方）事務用品費 1,500円／（貸方）現金 1,500円

出金伝票の場合は、貸方が「現金」となり、借方の「事務用品費」のみを勘定科目欄に記入します。金額および合計欄は、借方・貸方とも同額で1,500円です。出金先には、文房具を購入した店の名前などを記入し、日付・Noなど残りの項目も忘れずに記入します。

摘要欄には「文房具」や「ボールペン」など、出金した内容について後から確認した場合でも判別できるように具体的に記入します。

■ 振替伝票の仕訳

入金伝票と出金伝票では、物やサービスの取引と同時にその代金である現金も取引されます。しかし取引の間に時間差がある場合や、現金が動かない取引の場合は、これらの動きを入金伝票や出金伝票で表現することができません。

入金伝票の入金先

小売業の場合は固定客以外はとくに記入しない場合がある。

借方／貸方

複式簿記では、取引を帳簿に記入する際、帳簿を左右に区別し、取引ごとに左と右の両側に分けて記録する。左側を借方、右側を貸方と呼ぶ。
借方と貸方は、取引による財産の変動を「原因と結果」の関係で表わされる。借方には財産の増加、貸方には財産の減少が記載される。

入金伝票・出金伝票・振替伝票

入金伝票

入金伝票	承認		担当者	

令和○年○月○日

No.	入金先　X商店　　様	

勘定科目	摘　要	金　額
売上	○○	10,000
合　　計		10,000

振替伝票

振替伝票	No.	承認		担当者	

令和○年○月○日

金額	借方科目	摘　要	貸方科目	金額
10,000	当座預金	○○○○	売掛金	10,000
10,000		合　　計		10,000

出金伝票

出金伝票	承認		担当者	

令和○年○月○日

No.	出金先　Y商店　　様	

勘定科目	摘　要	金　額
事務用品費	文房具	1,500
合　　計		1,500

　そこで活用されるのが振替伝票です。振替伝票とは、現金取引以外の取引に関して記載する伝票のことです。勘定科目の項目が2つあるということ以外は、入金伝票や出金伝票と変わりません。振替伝票の例として、たとえば売掛金1万円が会社の当座預金の口座に振り込まれた場合、複式簿記の仕訳処理は以下の通りです。

　（借方）当座預金 10,000円／（貸方）売掛金 10,000円

　振替伝票には、借方・貸方の両方に記入欄と金額欄があるため、複式簿記そのままの仕訳の表示が可能です。金額は借方・貸方とも同額の1万円となります。摘要欄には入金先の得意先や商品名などを記入します。

総勘定元帳と補助簿

主要簿から決算書が作成される

■ 総勘定元帳と補助簿の役割

　帳簿には、簿記の基礎となる主要簿と、その主要簿の記録を補う補助簿があります。総勘定元帳は、仕訳帳とともに重要な主要簿で、現金の動きや残高、増減した取引の内容が示されます。これらの主要簿をもとにして決算書（貸借対照表・損益計算書）が作成されます。また、補助簿には、補助記入帳と補助元帳があり、主要簿作成の明細を示す補助的な役割を持っています。

① 総勘定元帳の作成

　総勘定元帳は、仕訳帳に書いた仕訳を勘定科目別に書き写して作成します。この作業を転記といいます。勘定科目とは、取引内容を分類するためにつけられた名称です。事業を行うにあたっては、さまざまな取引がなされますが、その取引がどんなものであるのかがわからなければ、お金の流れを理解できません。そのため、勘定科目を用い、取引内容を明確にします。

② 補助簿の種類

　補助簿には補助記入帳と補助元帳があります。補助記入帳は、特定の取引についての明細な記録を行う帳簿をいい、補助元帳は、特定の勘定についての明細を記録する帳簿です。補助簿には多くの種類があり、各会社で必要に応じた補助簿を決定します。

■ 紙面で帳簿をつけるときの注意点

　誰でも読めるような文字で書くことです。また、マス目の幅全体の３分の２程度の大きさで上に余白を残すようにします。

補助簿の種類

各会社で必要に応じた補助簿を決定してよい。

字の大きさ

ときには後で訂正する必要が出てくる場合もあるので、マス目いっぱいの大きな字で書くのも慎むべきである。マス目の幅全体の３分の２程度の大きさで上に余白を残すようにするのがよい。

文字や数字の訂正方法

訂正はその余白部分に丁寧に訂正を書き入れ、間違いの部分は二重線で消してその上に訂正印を押す。

補助簿の種類

補助記入帳	
現金出納帳	現金の入金・出金・残高の記録
当座預金出納帳	当座預金の預入れ・引き出し・残高の記帳
小口現金出納帳	小口現金の収支の明細を記録
仕入帳	仕入れた商品・製品・材料と金額の記録
売上帳	販売した商品・製品・サービスと金額を記帳
補助元帳	
商品有高帳	商品の出入りと残高を記録
仕入先元帳	仕入先ごとに仕入れた商品・製品・材料・数量・金額を記帳 / 買掛金の支払いを記帳
得意先元帳	得意先ごとに販売した商品・製品・サービス・数量・金額を記帳／売掛金の回収を記帳

文字や数字の訂正が必要になったときには、その余白部分に丁寧に訂正を書き入れ、間違えの部分は2重線で消してその上に訂正印を押します。数字に関しては、3桁ごとにカンマ (,) を入れるようにします。さらに、伝票や帳簿には、斜めの線や2重線が書かれている個所がありますが、これにも意味があります。斜めの線は、空欄などに引かれていますが、これは、後から文字や数字を勝手に入れられたりしないためのものです。

■ 試算表の作成

　総勘定元帳と補助簿が完成後に、決算書を作成する前段階としての試算表を作成します。試算表には、合計試算表、残高試算表、合計残高試算表の3種類があります。これらの試算表をもとに貸借対照表、損益計算書などの決算資料が作られます。

3桁カンマの意味

最初のカンマの単位は千、次のカンマは百万、その次は十億となる。3桁ごとに区切りをつけるのは、英語の場合の数字の読み方が3桁ごとに変わるのをそのまま導入したことによる。

2重線

仕切線ともいう。

現金出納業務

小口現金の管理には、現金出納帳の運用が有効

■ 現金出納業務とは

現金出納業務とは、会社で現金の収支を管理する業務です。硬貨や紙幣の他、郵便為替の証書や小切手、配当金の領収書なども現金と同じ扱いとなり、その範囲は幅広くなっています。現金とは、毎日のように動きがあるものですが、そのうち入金とは、売上代金（現金・小切手・郵便為替など）、預金の引き出し、社員の出張旅費の仮払いの精算で戻るお金をいい、出金とは、預金の預入れ、社員の出張費や交通費の精算、打ち合わせの費用、仮払金などのことです。

出張旅費の仮払い
出張にかかる費用を前払いで支払うこと。

■ どんなことに注意すべきか

現金出納担当者は出納業務だけに注力し、入金伝票の起票や支払業務などは原則として行いません。また、極力取引先には銀行振込での支払を依頼し、現金や小切手などでの受取りは減らすよう心がけます。

また、支払いを行う場合は総合振込や小切手で行い、現金での取引は控えるよう心がけます。なお、支払の際には、伝票や証憑書類の取扱いにも注意が必要です。支払を終えた出金伝票や証憑書類には、二重の支払を防ぐため出納印を押印します。

■ 現金残高管理はとても大切

現金残高管理業務では、必ず1日の終わりの突合せが必要です。具体的には、取引前の現金残高に、1日分の入金伝票と出金伝票の合計を加算減算した金額が、最終現金残高と一致して

現 金 出 納 帳

月	年日	科 目	摘　　要	入　　金	出　　金	残　　高
5	1		前月より繰越			1 0 0 0 0 0
	2	消耗品費	㈱○○より事務用品購入		7 0 0 0	9 3 0 0 0
	9	水道光熱費	○月分の水道代支払い		2 0 0 0 0	7 3 0 0 0
	10	租税公課	自動車税納付		5 1 0 0 0	2 2 0 0 0
	11	普通預金	○○銀行より引出し	8 0 0 0 0		1 0 2 0 0 0

いるかを確認します。現金残高を計算する際の間違い確認のためには、金種表が使われます。金種表とは、紙幣、硬貨の種類ごとにその枚数と合計額を記載しておくものです。

　基本を忠実に守って取引を行えば、現金残高が合わないことはありません。しかし、途中で伝票を起こさずに入金や出金を行った場合、不突合の原因になります。そのため、現金の取扱いには十分に注意をしなければなりません。現金の入っている手提げ金庫は出しっぱなしにはせず、あらかじめ決めた時間にだけ保管庫から取り出します。手提げ金庫を放置したまま席を離れないように気をつけましょう。

　なお、入金と出金の金額が合わず、その原因がわからない場合には、いったん、「現金過不足」という勘定項目に入れます。そして、原因が判明した時点で修正します。ただし、これは緊急事態での対応法であるため、担当者が勝手に判断した上で勘定項目に入れてはいけません。必ず、上司と相談して許可を得た上で行う処理になります。

突合／不突合
現金残高の帳簿と在高を一致させること。なお、現金残高が合わないことを不突合という。

■ 仮払金の出金と精算の仕方

　たとえば交通費や交際費など、経費分の概算金額を社員に前払いし、後から実費を精算する場合があります。このように、

会社が事前に経費についてのお金を支払うことを仮払いといいます。仮払いの際には、必ず仮払申請書と引き換えに現金を渡します。精算は、社員が出張から戻ってきた後は速やかに行います。精算して仮払金では実際の出張費用が足りなかったという場合には不足分を払い、仮払金が実際の出張費用よりも多かった場合には、超過分を返納させます。精算後は、仮払申請書を保管し、出張費用として伝票を起こします。

　ここで気をつけることは、すでに仮払いをしているにもかかわらず、社員が立て替えたものと誤って精算しないようにする点です。この場合、社員に対して仮払い時の分と精算分を重複して渡すことになるため、超過分を返納してもらう必要があります。常に仮払金の残高チェックを行い、経費の伝票が回ってきた場合には、事前に仮払申請書が提出されているかを必ず確認しましょう。

■ 支店・事業所の出納業務

　支店、事業所といった、本社・本店以外の場合でも、小口現金の出入りがあります。これを事業所出納といいます。

支店会計
支店・事業所で独立した会計を行うこと。

　事業所出納の場合、一般的には本社の経理部門が1か月に必要と思われる現金を支店・事業所の預金口座に入金します。事業所出納の担当者は1週間など一定日数分を定期的に預金から下ろし、金庫に保管します。

　担当者は、毎日、決められた時間だけ金庫から手提げ金庫を出し、社員に交通費など小口の費用を渡し、取引先への小口の経費の支払いなどを行います。手提げ金庫の残高は毎日、金庫にしまう前に領収書や伝票と突合を行います。1か月経過後、支店会計の場合を除き、お金の入出金の際の伝票や領収書、請求書類を日付ごとに整理した上で本社の経理に送ります。これらの作業は、一般家庭で行っている家計のやり繰りと流れが同じです。実際、会社の中には、事業所出納を経理の知識のない

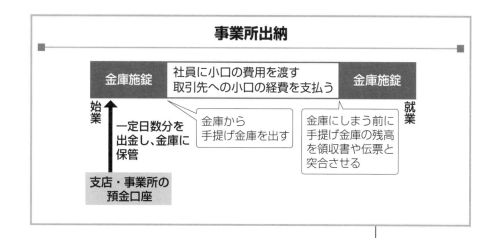

事業所出納

	社員に小口の費用を渡す 取引先への小口の経費を支払う	
金庫施錠		金庫施錠

始業

一定日数分を
出金し、金庫に
保管

支店・事業所の
預金口座

金庫から
手提げ金庫を出す

金庫にしまう前に
手提げ金庫の残高
を領収書や伝票と
突合させる

就業

人にまかせている場合もあります。

　本社の経理担当が素人に事業所出納をまかせている場合は、事業所出納の手順を簡潔にし、伝票などもわかりやすいものにするなどの工夫をしなければなりません。

■ 現金出納帳でリスク回避

　小口現金の管理には、現金出納帳の運用が有効です。現金出納帳とは、その日の朝の小口現金残高に対して、その日に入出金があった項目と金額をそれぞれ記入し、朝の残高に対して加減算した金額を1日の終わりの残高として記入する、というものです。家計簿と考え方は同じで、残高と金庫の現金有り高は一致しなければなりません。

　現金出納帳があれば、現金の残高が合わない場合の追跡材料となるのはもちろん、毎月のお金の出入りが実績として残るため、お金が多めに出ていく週が毎月いつ頃なのかという傾向をつかみやすくなります。傾向がわかれば、預金から小口用として引き出す金額もコントロールでき、過剰に手提げ金庫に現金を保管しておくリスクから回避できます。現金管理はリスクが必ずついて回るため、リスク回避の対策が非常に重要です。

Column

パソコン利用環境下での会計処理

　総勘定元帳や補助元帳、現金出納帳、仕訳（日記）帳など、会計帳簿と一言でいっても多種多様の帳簿組織（帳簿体系のこと）が考えられます。会計伝票も用途によってさまざまです。これらは日々の取引を記録し、集計するための会計ツールで、貸借対照表、損益計算書などの決算書類を作成する基礎資料になります。

　決算書作成を手作業で行うと、記帳から決算書作成まで相当な事務負担が伴いますが、今ではパソコンによる記帳が主流ですので、負担は軽減されます。業種、規模によって何通りも構成が考えられる帳簿組織ですが、会計の世界はコンピュータに元来よくなじむため、早くから高機能な経理用アプリケーションが多数登場しています。

　したがって、経理の手順を知らなくても、何がしかの取引（仕訳）や残高に関するデータをパソコンに入力しさえすれば、正しいかどうかは別として必要帳票類や決算の最終成果である貸借対照表や損益計算書を容易に作成することができます。会計事務所に頼まずに企業自らがパソコンで記帳しても、手作業による際のように集計転記に手間はかかりません。決算の精度は、ひとえに日々の取引データ入力の正確性と適時性に負うところが大きいといえます。

　ただし、会計ソフトを利用し、パソコンで記帳する場合であっても、会計特有のチェック項目は手作業もパソコンも同じですから、集計、転記の正確性チェックの負担がなくなる分、決算内容の整合性（たとえば償却資産と減価償却費）など、数値間の分析をしておくことが大切です。

　なお、現在ではパソコンソフトを使用しなくてもインターネットで会計データが作成可能なクラウド会計を使用するケースが増えています。

PART 3

ケース別
仕訳のパターン

資産の主な勘定科目の仕訳①（流動資産）

現金・預金や短期的に資金化が見込まれる流動資産の仕訳

■ 現金・預金の仕訳

モノやサービスを購入したときの支払いや、販売したときの対価の受け取りの手段として用いられるのが、現金および預金（銀行などの金融機関に預けているお金）です。現金によって支払いや対価の受け取りを行った場合に、現金が減少または増加することになります。この減少または増加のタイミングで現金の仕訳をします。預金も普通預金や当座預金などさまざまなものがありますが、仕訳を行うタイミングは現金と同じです。

支払いをするときは現金（預金）、つまり資産が減少するため、仕訳では貸方に記入します。反対に、対価を受け取る場合は、現金（預金）が増加するため借方に記入します。

（取引例と仕訳）

商品1万円を現金で販売した。

借方科目	金額	貸方科目	金額
現金	10,000	売上	10,000

■ 売掛金の仕訳

商品の販売の流れは、通常、受注→商品の引渡し→商品代金の回収となります。一般的に商品と引き換えにその場で現金を支払うケースは少なく、先に商品を引き渡してから後日商品代金を回収する信用取引が行われます。この商品を引き渡してからまだ回収していない代金のことを売掛金といいます。売掛金は、商品代金を受領する権利として資産計上されます。その後、

代金が現金などの形で入金された時に、入金分だけ売掛金が取り崩されます。このような売掛金の計上（増加）、取り崩し（減少）の際に、売掛金の仕訳をします。仕訳では、売掛金が増加した場合は借方に、減少した場合は貸方に記載します。

（取引例と仕訳）

商品1万円を掛け（後払い）で販売した。

借方科目	金額	貸方科目	金額
売掛金	10,000	売上	10,000

■ 棚卸資産の仕訳

棚卸資産とは、主に販売することを目的として保管してある物品で、在庫ともいいます。まだ売れていない商品をはじめ、製造途中の製品（仕掛品）や、製品を作るための原材料も棚卸資産に含まれます。

また、切手、収入印紙、広告宣伝用の品などは、貯蔵品として棚卸資産になります。

期中に仕入れた商品などは、仕入などの勘定科目により管理します。そして、決算では仕入のうち、販売された分を売上原価として費用に、売れ残った分を棚卸資産として資産に計上します。

この他、棚卸資産の市場での価格が下がり、帳簿価額を下回った場合は、期末にその簿価を切り下げる処理を行います。この場合は、棚卸資産評価損を示す売上原価を借方に記入し、貸方には簿価切り下げの対象となる棚卸資産を記入します。棚卸資産を貸方に記入するのは、この処理によって棚卸資産の金額が減少するためです。

（取引例と仕訳）

商品の時価が下落し、帳簿価額を下回ったため、商品の帳簿価額を5万円切り下げる。

借方科目	金額	貸方科目	金額
売上原価	50,000	商品	50,000

■ 前渡金の仕訳

　仕入れを行う際に、仕入代金の一部または全部を、商品を受け取る前に支払うことがあります。この仕入代金の前払いのことを前渡金といいます。仕入代金を前払いしたときの仕訳では、資産の増加を表わす借方に前渡金を記載します。その後、商品を受け渡されたときに、前渡金は減少することになります。仕訳では、資産の減少を表わす貸方に前渡金を記載します。このとき、残りの代金を現金や預金で支払っていれば、現金や預金も貸方に記載します。また、残りの代金が未払いとなっている場合は、貸方に買掛金を記載します。

（取引例と仕訳）

　注文（発注）した商品5万円が納品された。仕入代金5万円はすでに支払済みである。

借方科目	金額	貸方科目	金額
仕入	50,000	前渡金	50,000

■ 前払費用の仕訳

　前払費用とは、家賃や保険料などの継続的に受けているサービスに対して前払いしている対価をいいます。

　たとえば、3月を年度末としている会社が、1年分の家賃12万円を1月に支払ったとしましょう。1月から3月までの3か月分のサービスは当期に受けるため、3か月分の家賃（3万円）は当期の費用になります。しかし、残りの9か月分のサービスは翌期に受けますので、当期の費用ではありません。この前払い分には将来サービスの提供を受ける権利があるため、前

前払費用

一定の契約に従い、継続して役務の提供を受ける場合、いまだ提供されていない役務に対し支払われた対価をいう。試算表を作成の段階では、家賃の前払いの場合には「前払家賃」、保険料の前払いの場合には「前払保険料」などのように、通常は内容ごとに勘定科目を分けるが、貸借対照表を作成する際には、それらが集約されて「前払費用」として表示される。

払費用という資産の勘定科目を計上します。

（取引例と仕訳）

　翌期１年分の家賃24万円を、当年度の３月に普通預金で支払った。なお、当社の決算日は３月である。

借方科目	金額	貸方科目	金額
前払家賃	240,000	普通預金	80,000

■ 貸倒引当金の仕訳

　売掛金や貸付金といった債権は将来的に代金が回収されたり、貸付額が返済されるものです。しかし、相手先の財政状態が悪化した場合は、もしかすると資金を回収できなくなるという貸倒れが生じるかもしれません。このような将来の貸倒れによる損失を見積もって引き当てたものを貸倒引当金といいます。貸倒引当金は売掛金や貸付金などの資産の金額をマイナスする勘定科目であるため、仕訳では資産と反対の動きをします。そのため、計上する際は貸方に記載し、相手勘定の借方には「貸倒引当金繰入」という費用の勘定科目を記載します。貸倒引当金が減少するのは、実際に貸倒れが発生したときです。この場合は、貸倒引当金を仕訳の借方に記載します。

　なお、税務上は、一定の法人を除いて貸倒引当金を損金（税務上の費用）にすることはできません。一定の法人とは、資本金１億円以下の中小法人、銀行、保険会社などです。

（取引例と仕訳）

　決算において、売掛金などの債権の期末残高に対して回収不能見込み額を見積もった結果、貸倒引当金300万円を引き当てる。

借方科目	金額	貸方科目	金額
貸倒引当金繰入	3,000,000	貸倒引当金	3,000,000

資産の主な勘定科目の仕訳②（固定資産）

減価償却などで費用化される固定資産の仕訳

■ 建物の仕訳

建物は、資産のうち有形固定資産に属する勘定科目です。事業に使用する事務所や工場の建屋などが建物に該当します。

建物が増加したときは借方に、減少したときは貸方に記入します。建物が増加するのは、建物を購入したときおよび建設中の建物が完成したときです。なお、建設途中の建物に対して支出がある場合は、建物ではなく建設仮勘定の増加として処理します。そして、完成したときに建設仮勘定の残高を建物に振り替えます。また、建物が減少するのは、建物を売却や廃棄する場合です。売却等に伴う損益があれば、これもあわせて仕訳に計上することになります。

（取引例と仕訳）

建物を1000万円で購入し、代金を普通預金口座から支払った。

借方科目	金額	貸方科目	金額
建物	10,000,000	普通預金	10,000,000

■ 固定資産の減価償却

建物などの固定資産は、通常は年数が経過すればその使用と共に古くなり価値が減少します。そのため、使用される期間（耐用年数）にわたり、毎期費用として計上していきます。このように、固定資産の取得価額を毎期費用として配分する手続きを減価償却といいます。減価償却の方法には定額法（毎期均等に償却していく方法）や定率法などがあります。

固定資産

会社の保有する資産のうち、主に決算日後1年超などの長期的に保有されるもの。固定資産は、有形固定資産、無形固定資産、投資その他の資産の3種類に分かれる。

有形固定資産

固定資産のうち物的に存在するもの。有形固定資産は、建物、建物付属設備、構築物、機械及び装置、船舶、車両運搬具、工具器具備品、土地、リース資産（有形固定資産に関するリース）、建設仮勘定などがある。

決算で減価償却を行ったときは、仕訳で減価償却費を計上します。減価償却費は費用の勘定科目であるため、費用の発生を表わす借方に記載します。その際、減価償却した分だけ固定資産の取得価額が減少するため、貸方にはその固定資産を表わす勘定科目を記載します（直接法）。固定資産を表わす勘定科目を記載する方法以外に、減価償却累計額と記載する方法もあります。減価償却累計額は間接的に固定資産の取得価額を減額する勘定科目です（間接法）。

（取引例と仕訳）

決算で、取得価額1000万円の建物を、耐用年数20年で定額法により減価償却費を直接法により計上する。なお残存価額（耐用年数到来時の資産の価値）は取得価額の10%とする。

借方科目	金額	貸方科目	金額
減価償却費	450,000	建物	450,000

※1000万円 ×（1 −10%）÷ 20年 ＝45万円

■ ソフトウェアの仕訳

会社で利用している会計システムなど、コンピュータに仕事を行わせるためのプログラムをソフトウェアといいます。ソフトウェアは、無形の資産として無形固定資産に区分され、有形固定資産と同じように償却を行います。

ソフトウェアには自社利用のために購入するものの他、市場で販売する目的で保有するものがあります。市場販売目的のソフトウェアについては、最初に製品化される製品マスターが完成するまでに支出される費用は研究開発費に該当し、その後の制作にかかる費用はソフトウェアとして資産に計上されます。ソフトウェアを購入したときや制作したときは、資産の増加を表わす借方に記載します。そして、償却されたときに、資産の減少を表わす貸方に記載します。

> **無形固定資産**
>
> 固定資産のうち無形なもの。無形固定資産は、のれん、特許権、借地権、地上権、商標権、実用新案権、意匠権、鉱業権、漁業権、ソフトウェア、リース資産（無形固定資産に関するリース）などがある。

（取引例と仕訳）

ソフトウェアを80万円で購入し、普通預金で支払った。

借方科目	金額	貸方科目	金額
ソフトウェア	800,000	普通預金	800,000

■ 特許権の仕訳

　特許権とは、特許を受けた発明を独占的に使用できる権利のことです。無形の資産として無形固定資産に分類されます。

　特許権が増加したときは借方に、減少したときは貸方に計上します。特許権が増加するのは取得したときです。また、特許権は耐用年数にわたって償却します。そのため、償却をした際の仕訳では、貸方に特許権を記載することになります。

（取引例と仕訳）

特許権を550万円で購入し、代金を当座預金から支払った。

借方科目	金額	貸方科目	金額
特許権	5,500,000	当座預金	5,500,000

■ 投資有価証券の仕訳

　有価証券とは財産に関する権利を表わした証券であり、保有目的に応じて売買目的有価証券、満期保有目的の債券、子会社および関連会社株式、その他有価証券に分類されます。満期保有目的の債券のうち決算日から満期までの期間が1年超のもの、子会社および関連会社株式、その他有価証券は固定資産の「投資有価証券」として、それ以外のものは流動資産の「有価証券」として表示されます。満期保有目的の債券とは、満期まで保有することを目的としている債券（社債など）です。また、その他有価証券とは、売買目的有価証券、満期保有目的の債券、子会社および関連会社株式のいずれにも属さない有価証券のことです。

投資その他の資産

固定資産のうち、投資などのために長期的に保有されるもの。投資その他の資産には、投資有価証券、子会社株式、出資金、長期貸付金、長期前払費用、敷金、保証金、繰延税金資産、破産更生債権等、貸倒引当金（投資その他の資産に対するもの）などがある。

投資有価証券は、投資その他の資産に属する勘定科目です。取得したときの仕訳では借方に記入し、売却したときの仕訳では貸方に記入します。また、売買目的有価証券やその他有価証券を保有している場合は期末に時価評価をします。期末の時価と取得価額の差額の合計額は、「その他有価証券評価差額金」として純資産の部に計上します。値上がりした銘柄の評価差額は純資産に、値下がりした銘柄の評価差額は損失に計上する方法もあります。売買目的有価証券の場合はその他有価証券評価差額金を使用せずに、時価と取得価額の差額は損益に計上します。

（取引例と仕訳）

当期に80万円で取得したその他有価証券について、期末の時価は100万円になった。税効果は考慮しないものする。

借方科目	金額	貸方科目	金額
投資有価証券	200,000	その他有価証券評価差額金	200,000

※期末時価100万円－取得原価80万円＝評価差額金20万円

■ 敷金の仕訳

敷金とは、事務所などの賃貸借契約を結ぶ際に、明け渡しまでの損害を担保するため、賃借人が賃貸人に対して預託する金銭のことです。投資その他の資産に表示されます。

仕訳で敷金を計上するのは、賃貸人に対して敷金を支払ったときです。そして賃借している物件を引き払い、敷金が返還されるときに、仕訳で敷金を減少させます。

（取引例と仕訳）

建物を賃借するにあたり、敷金50万円を普通預金から支払った。

借方科目	金額	貸方科目	金額
敷金	500,000	普通預金	500,000

資産の主な勘定科目の仕訳③（繰延資産）

換金性のない特殊な繰延資産の仕訳

■ 創立費の仕訳

　創立費とは、会社を設立するまでにかかった費用のことです。具体的には、定款を作成するための費用、創立事務所の賃借料、創立総会にかかる費用、設立登記の登録免許税、設立の際の株式募集のための広告費、株券等の印刷費、設立事務を行うための人件費などがあります。なお、会社が設立してから営業を開始するまでに支出した費用は開業費に含まれることに注意が必要です。原則として、創立費は支出したときに営業外費用として計上しますが、繰延資産として計上することもできます。繰延資産とする場合は、設立から5年以内のその効果の及ぶ期間にわたって定額法（毎期均等に償却していく方法）により償却をしなければなりません。

　創立費を支出し、繰延資産として計上する場合は、資産の増加を表わす借方に創立費を記載します。また、償却時は資産の減少を表わす貸方に創立費を、借方には償却費を記載します。

（取引例と仕訳）

　会社を設立するため、設立登記の登録免許税、株式発行のための広告費、株券の印刷費、定款の作成料が50万円発生した。これらの費用は現金で支払い、繰延資産として処理した。

借方科目	金額	貸方科目	金額
創立費	500,000	普通預金	500,000

■ 開業費の仕訳

　開業費とは、会社を設立してから営業を開始するまでに支出した費用で、開業準備に要したものをいいます。具体的には、広告宣伝費、従業員の給料、交通費、通信費、電気・ガス・水道代、土地や建物の賃借料などです。なお、会社を設立するまでにかかった費用は創立費に含まれることに注意が必要です。開業費は原則として営業外費用に計上しますが、繰延資産として計上することもできます。繰延資産とする場合は、開業のときから5年以内のその効果の及ぶ期間にわたって定額法により償却をしなければなりません。

　開業費を支出し、繰延資産として計上する場合は、資産の増加を表わす借方に開業費を記載します。また、償却時は資産の減少を表わす貸方に開業費を、借方には償却費を記載します。

（取引例と仕訳）

　前年度において開業費50万円を繰延資産に計上した。そのため、当年度の決算ではこの開業費について5年間の定額法により償却する。

借方科目	金額	貸方科目	金額
開業費償却	100,000	開業費	100,000

※50万円÷5年＝10万円

■ 開発費の仕訳

　開発費とは、新しい技術や新しい経営組織を採用したとき、資源の開発を行ったとき、市場の開拓を行ったとき、および設備の大規模な配置換えを行ったときなどにかかった費用をいいます。これらの費用は、原則として、売上原価または販売費及び一般管理費として計上しますが、繰延資産として計上することもできます。繰延資産とする場合は、支出してから5年以内のその効果の及ぶ期間にわたって、定額法等の方法により償却

しなければなりません。ただし、研究開発費とみなされる支出については、費用として処理しなければならない点に注意が必要です。

　開発費を支出し、繰延資産として計上する場合は、資産の増加を表わす借方に開発費を記載します。また、償却時は資産の減少を表わす貸方に開発費を、借方には償却費を記載します。

（取引例と仕訳）

　当年度に支出した市場開拓費用180万円を開発費として繰延資産に計上した。当年度の決算において、この開発費を３年間の定額法により償却する。

借方科目	金額	貸方科目	金額
開発費償却	600,000	開発費	600,000

※180万円÷３年＝60万円

■ 株式交付費の仕訳

　株式交付費とは、新株を発行したり、自己株式を処分する際にかかる広告費、変更登記の登録免許税、金融機関などの取扱手数料といった、株式を交付するために直接必要となった費用のことをいいます。原則として株式交付費は営業外費用に計上します。しかし、会社の規模を大きくする手段として株式を発行したのであれば、それにかかる株式交付費は繰延資産に計上することができます。なお、株式交付費を繰延資産に計上した場合は、３年以内のその効果の及ぶ期間にわたって定額法により償却をしなければなりません。

　支出した株式交付費を繰延資産として計上する場合の仕訳では、資産の増加を表わす借方に記載します。また、償却時は資産の減少を表わす貸方に株式交付費を、借方には償却費を記載します。

（取引例と仕訳）

　会社の規模拡大のため、株式発行により資金を調達する。この株式発行について、広告費、金融機関の手数料、株券の印刷費200万円を普通預金から支払った。なお、株式交付費は繰延資産として処理する。

借方科目	金額	貸方科目	金額
株式交付費	2,000,000	普通預金	2,000,000

■ 社債発行費の仕訳

　社債発行費とは、社債を募集するためにかかる広告費、社債券や目論見書の印刷費、社債の登記にかかる費用、金融会社や証券会社での取扱手数料といった、社債を発行するために直接支出した費用のことをいいます。原則として、社債発行費は支出時に営業外費用として計上しますが、繰延資産として計上することもできます。ただし、繰延資産として計上する場合は、社債が償還されるまでの期間にわたって償却しなければなりません。償却方法については、複利を加味して償却する利息法の他、継続的に採用することを条件として定額法によることもできます。社債発行費は資産の勘定科目です。社債を発行するために直接支出した費用があるときは、社債発行費として借方に計上します。また、償却に伴って社債発行費が減少していくため、償却時の仕訳では資産の減少を表わす貸方に社債発行費を記載します。

（取引例と仕訳）

　社債を発行するのにかかった広告費、社債券の印刷費、金融会社の取扱手数料120万円を当座預金から支払った。なお、社債を発行するために直接支出した費用は繰延資産として処理する。

借方科目	金額	貸方科目	金額
社債発行費	1,200,000	当座預金	1,200,000

新株予約権の発行費用

新株予約権の発行に関する費用についても、社債発行費と同様に繰延資産として会計処理することができる。ただし、この場合には新株予約権の発行のときから、3年以内のその効果の及ぶ期間にわたって定額法により償却をする。

負債の主な勘定科目の仕訳①（流動負債）

短期的に支払が必要な流動負債の仕訳

流動負債

会社の負債のうち、主に決算日後1年以内に支払いが行われるもの。流動負債には、買掛金、支払手形、短期借入金、未払金、未払費用、未払法人税等、未払消費税等、預り金、前受金、前受収益、仮受金、賞与引当金などがある。

■ 買掛金の仕訳

　買掛金とは、営業上の債務のことをいいます。掛取引によって材料や商品の仕入れを行ったときに生ずる未払いの仕入代金です。将来支払いを行う義務があるため、負債に含まれます。

　仕訳では買掛金が増えたときは貸方に、減ったときは借方に記入します。買掛金が増えるのは、掛取引で仕入れを行ったときです。そして、後日その仕入代金を支払ったときに買掛金が減少します。

（取引例と仕訳）

掛けにより商品10万円を仕入れた。

借方科目	金額	貸方科目	金額
仕入	100,000	買掛金	100,000

■ 支払手形の仕訳

　買掛金と同様に、支払手形は材料や商品の仕入代金の未払い分を表わします。ただし、仕入れの際に手形を振り出し仕入先に渡しているという点で、買掛金とは異なります。

　支払手形が増えたときは貸方に、減ったときは借方に記入します。支払手形が増えるのは、仕入代金として手形を振り出したときや、買掛金の支払いのために手形を振り出したときです。一方で、支払期日が来ると手形が決済され、その分支払手形も減少します。

（取引例と仕訳）

商品10万円を仕入れ、約束手形を振り出した。

借方科目	金額	貸方科目	金額
仕入	100,000	支払手形	100,000

■ 短期借入金の仕訳

　借入金は、銀行や取引先から金銭を借り入れたことにより生ずる債務です。借入金のうち、決算日から1年以内に返済するものを短期借入金といいます。そのため、借入の時点で返済期日まで1年以内の借入金は短期借入金に含まれます。また、借入の時点では返済期日まで1年を超える場合であっても（これを長期借入金といいます）、時が経過し、翌期に返済することになったときに長期借入金から短期借入金に振り替えます。このように返済までが1年以内となった長期借入金は、1年以内返済長期借入金等の勘定科目で表示されることもあります。

　短期借入金は、借入をしたときは短期借入金が増加するため、仕訳では貸方に記載します。一方、返済したときは短期借入金が減少するため借方に記載します。

（取引例と仕訳）

　銀行から100万円を借り入れ（返済期日は8か月後）、当座預金に入金された。

借方科目	金額	貸方科目	金額
当座預金	1,000,000	短期借入金	1,000,000

■ 未払金の仕訳

　未払金は、本来の営業目的以外の取引によって生じた未払いを表わす勘定科目です。固定資産や有価証券を購入した場合の購入代金の未払いなどは、未払金に含まれます。一方で、商品

や材料を仕入れた際の未払いは本来の営業目的の取引によるものですので、未払金には含まれません。この場合は、買掛金や支払手形（手形を振り出した場合）として計上します。

未払金が増加した際は貸方に、減少した際は借方に記入されます。未払金が増加するのは、固定資産などを購入したものの、その代金をまだ支払っていないときです。そして、その未払い分を現金や預金などで支払ったときに、その分だけ未払金が減少することになります。

（取引例と仕訳）

製品を製造するための機械を300万円で購入した。代金は翌月末に支払いとする。

借方科目	金額	貸方科目	金額
機械装置	3,000,000	未払金	3,000,000

■ 前受金の仕訳

前受金とは、販売を行う際に、前もって受け取った代金を表わす勘定科目です。通常は、販売したときや、販売した後日に販売代金を受け取りますが、このように前もって代金を受け取ることもあります。前受金を受け取った段階では、後日商品を受け渡したりサービスを提供したりする義務があります。そのため、前受金は負債の勘定科目となります。

販売前に代金を受け取ったときに、仕訳では前受金の増加として貸方に記載します。借方には受け取った現金や預金を記載します。一方、前受金が減少するのは実際に販売が行われ売上が計上されたときです。仕訳では負債の減少を表わす借方に前受金を記載します。

（取引例と仕訳）

商品50万円を販売した。販売代金のうち、20万円は手付金と

して先月末に振り込まれている。残金は、販売したときに普通預金口座に振り込まれた。

借方科目	金額	貸方科目	金額
前受金	200,000	売上	500,000
普通預金	300,000		

■ 賞与引当金の仕訳

　就業規則などで定められている賞与の支給対象期間（計算期間）に対し、実際の賞与の支給時期が期をまたぐことがあります。たとえば、決算日を3月末日としている会社の場合、賞与の支給対象期間が10月から3月までで、その賞与の支給時期が6月である場合などがこれに該当します。この場合、決算日において賞与は未払いとなっており、支給対象期間における従業員の労働はすでに提供されているので、この分を当年度の費用として計上しなければなりません。そこで、翌年度に支給される賞与を見積もり、当年度の費用として計上するとともに、賞与引当金を負債に計上します。

　このように、賞与の支給対象期間が経過しているものの決算日において未払いとなっている場合は、賞与引当金を見積もり、決算の仕訳で負債の増加を表わす貸方に記載します。借方には、賞与引当金繰入という費用の勘定科目を計上します。翌年度に賞与が支払われた時の仕訳では、借方に賞与引当金を記載し、賞与引当金の残高を減らします。

（取引例と仕訳）

　翌年度に支払予定の賞与について、当年度の支給対象期間に基づいて計算した100万円を決算で引き当てた。

借方科目	金額	貸方科目	金額
賞与引当金繰入	1,000,000	賞与引当金	1,000,000

> **引当金**
>
> 引当金とは、将来生ずる損失や費用に備えて、あらかじめ当期の費用として計上するもの。引当金には、貸倒引当金、賞与引当金、製品保証引当金、修繕引当金、退職給付引当金、債務保証損失引当金などがあり、その内容によって流動負債または固定負債に区分される。なお、貸倒引当金は資産の評価勘定として資産（マイナスの資産）に分類される。

負債の主な勘定科目の仕訳②（固定負債）

支払期日が決算日後1年超などの長期に及ぶ固定負債の仕訳

固定負債

会社の負債のうち、返済期日が主に決算日後1年を超えて到来するもの。固定負債には、社債、長期借入金、退職給付引当金、役員退職慰労引当金、長期預り金などがある。

■ 長期借入金の仕訳

短期借入金と同じく、長期借入金は銀行や取引先から金銭を借り入れたことにより生ずる債務です。短期借入金と異なるのは、決算日から返済までが1年を超えるという点です。長期借入金は負債の中でも固定負債として表示されます。

長期借入を行った場合、仕訳では貸方に記載します。その借入から時が経過し、決算日から返済までの期間が1年以内となった場合には、短期借入金（1年以内返済予定の長期借入金）に振り替える仕訳をします。長期借入金が返済された場合は、仕訳では負債の減少を表わす借方に記載します。

（取引例と仕訳）

銀行から200万円を借り入れ（借入期間は3年）、当座預金に入金された。

借方科目	金額	貸方科目	金額
当座預金	2,000,000	長期借入金	2,000,000

■ 社債の仕訳

社債とは、事業資金を集めるために会社が発行した債券です。借入金と同様、会社の資金調達方法のひとつです。償還期限が設定されており、償還までの間会社は債権者に対して利息を支払います。

社債が発行された際には、仕訳では負債の増加を表わす貸方に記載します。このとき、社債の金額は発行価格にします。そ

して、償還されるときは、社債が減少しますので借方に社債を記載します。

　なお、社債の発行価格と額面金額は必ずしも一致するわけではありません。この差額については社債の利息部分と考え、償還までの間に償却していく処理を行います。仮に社債の額面金額よりも発行価格の方が低い場合には、借方は償却額としての費用（社債利息）、貸方は社債を計上します。

（取引例と仕訳）

　額面100万円の社債（額面100円に対し発行価格は95円）を発行し、当座預金に払い込まれた。

借方科目	金額	貸方科目	金額
当座預金	950,000	社債	950,000

■ 退職給付引当金の仕訳

　退職給付引当金とは、将来従業員が退職したときに支給する退職金や年金のうち、当期までに負担する金額をあらかじめ引き当てたものです。費用として計上すると同時に、同額だけ引当金が負債の部に計上されます。

　退職給付引当金は、負債の中でも固定負債に分類されます。そのため、退職給付引当金が増加（当期までに負担する金額を計上するときなど）するときは、貸方に記載します。また、退職給付引当金が減少するとき（従業員に退職金を支払うときや年金掛金を拠出するときなど）は、借方に記載します。

（取引例と仕訳）

　決算において、退職給付引当金に500万円を繰り入れた。

借方科目	金額	貸方科目	金額
退職給付費用	5,000,000	退職給付引当金	5,000,000

純資産の主な勘定科目の仕訳

....

株主の持分となる純資産の仕訳

■ 資本金の仕訳

　株式会社は、株主からの出資を元手に事業活動を行っています。株主から出資を受けるのは、会社を設立したときや増資をしたときです。原則として、ここで受け入れた資金が資本金になります。ただし、受け入れた資金のうち、2分の1を超えない金額であれば資本金ではなく資本準備金に組み入れることもできます。

　資本金は純資産の勘定科目です。そのため、仕訳では資本金が増えたときは貸方に、減ったときは借方に記載します。増える場合としては株主から払込みがあったときなど、減る場合は他の純資産の項目に組み入れるときなどです。

　なお、株主からの払込みがなされても、払込期日の前日まではその効力は発生していません。つまり、払込期日の前日までは資本金ではないのです。払込期日の前日までの払込金は新株式申込証拠金という勘定科目で管理されます。そして、払込期日後に、新株式申込証拠金の金額を資本金に振り替える仕訳を作成します。

（取引例と仕訳）

　会社設立のために、資本金300万円を普通預金に充てた。

借方科目	金額	貸方科目	金額
普通預金	3,000,000	資本金	3,000,000

■ 資本準備金の仕訳

　株主から出資を受けたとき、原則として払い込まれた資金は

準備金

資本準備金や利益準備金は、会社債権者保護の観点から、会社財産の一定額を留保するために設定されるもの。

資本金になります。ただし、受け入れた資金のうち、2分の1を超えない金額であれば資本金ではなく資本準備金に組み入れることができます。そのため、会社を設立したときや増資をしたときに、資本金とともに資本準備金が増えていることがあります。

資本準備金は純資産の勘定科目です。このように株主からの出資金を資本準備金に組み入れた際の仕訳では、純資産の増加を表わす貸方に資本準備金を記載します。

一方で、資本準備金を取り崩して、純資産のその他の項目（資本金やその他資本剰余金など）に組み入れることがあります。この場合は組み入れられたその他の純資産の残高が増える一方で、資本準備金の残高は減少します。純資産が減少した場合は借方に記入するため、このときの仕訳では資本準備金を借方に記載します。

（取引例と仕訳）

資本準備金500万円を取り崩し、その他資本剰余金に組み入れた。

借方科目	金額	貸方科目	金額
資本準備金	5,000,000	その他資本剰余金	5,000,000

■ その他資本剰余金の仕訳

その他資本剰余金は、資本準備金と同じく、純資産の部の資本剰余金に含まれる勘定科目です。資本準備金を取り崩してその他資本剰余金に組み入れる場合や、自己株式を処分した際に処分価額が自己株式の取得価額を上回る場合などに生ずるものです。

その他資本剰余金は純資産の勘定科目です。そのため、仕訳においては、その他資本剰余金が増えたときは貸方に、減った

ときは借方に記入します。増える場合としては、資本金や資本
準備金を取り崩してその他資本剰余金に組み入れるときの他、
自己株式の処分価額が自己株式の取得価額を上回り差益が生ず
るときなどです。一方、その他資本剰余金が減る場合としては、
その他資本剰余金を原資として配当を行ったときや、自己株式
を償却したとき、自己株式の処分価額が自己株式の取得価額を
下回り、差損が生ずるときなどです。

（取引例と仕訳）

取得価額100万円の自己株式を処分した。処分価格120万円は
当座預金に入金された。

借方科目	金額	貸方科目	金額
当座預金	1,200,000	自己株式 その他 資本剰余金	1,000,000 200,000

■ 利益準備金の仕訳

利益準備金は、会社が過去に獲得してきた利益を原資として
おり、法律によって積み立てることが義務付けられているもの
をいいます。株主に剰余金を配当するときは、配当額のうち10
分の1を利益準備金または資本準備金に積み立てなければなり
ません。利益準備金と資本準備金の合計が資本金の4分の1に
達するまでは、配当の都度、積み立てる必要があります。これ
は、会社の債権者を保護するために、財務基盤を強化する目的
で行うものです。

利益準備金は純資産の勘定科目です。そのため、仕訳におい
ては、利益準備金が増えたときは貸方に、減ったときは借方に
記載します。利益準備金が増えるのは、前述したように、配当
の際に配当額の一部を利益準備金に組み入れるときです。また、
利益準備金が減少するのは、利益準備金を取り崩しその他利益

剰余金に組み入れるときです。ただし、利益準備金からその他利益剰余金に組み入れられるケースは限定されています。

（取引例と仕訳）

　繰越利益剰余金から500万円を配当することが株主総会で決議された。なお、配当額の10分の1は利益準備金に積み立てた。

借方科目	金額	貸方科目	金額
繰越利益 剰余金	5,500,000	未払配当金 利益準備金	5,000,000 500,000

■ 任意積立金の仕訳

　任意積立金とは、株主総会の決議などにより、会社が任意でその他利益剰余金から積み立てた社内の利益留保額のことです。純資産の部の利益剰余金の中に表示される勘定科目です。利益剰余金には利益準備金とその他利益剰余金があります。任意積立金はその他利益剰余金の中の項目で、任意積立金以外のその他利益剰余金は繰越利益剰余金と呼ばれます。任意積立金には特定の目的のために積み立てられるものの他、特定の目的を定めずに積み立てるものがあります。なお、貸借対照表上は、任意積立金ではなく、その内容に応じた勘定科目により表示されます。具体的には、圧縮積立金や別途積立金などがあります。

　任意積立金は純資産の勘定科目ですので、仕訳では、増えたときは貸方に、減ったときは借方に記入します。そのため、任意積立金を積み立てるときの仕訳では貸方に、取り崩すときの仕訳では借方に記載することになります。

（取引例と仕訳）

　株主総会の決議により、別途積立金300万円を積み立てた。

借方科目	金額	貸方科目	金額
繰越利益 剰余金	3,000,000	別途積立金	3,000,000

収益の主な勘定科目の仕訳

売上高、営業外収益、特別利益に関する仕訳

■ 売上高の仕訳

　売上とは、商品や製品の販売や、サービスの提供など、会社がメインとして行っている事業活動によって獲得した収益です。商品を顧客へ販売したときに、売上という勘定科目（損益計算書上は「売上高」）を使います。なお、返品や値引きをした場合は、売上から直接差し引くか、売上返品や売上値引という勘定科目により処理します。

　売上を計上する際には、どの時点をもって販売したことになるのか、言い換えれば売上の実現主義に関する具体的な判断基準である売上の計上基準を理解する必要があります。計上基準は１つではありません。複数ある中で、会社の形態に最も適したものを採用します。主な計上基準としては、①出荷基準、②引渡基準、③検収基準などがあります。それぞれ内容は以下の通りです。

① 出荷基準

　商品等が出荷された時点で売上を認識する方法です。

② 引渡基準

　商品等を相手へ引き渡した時点で売上を認識する方法です。引渡しが完了したかどうかの確認方法として、相手先より物品受領書を受け取ります。

③ 検収基準

　商品等を受け取った相手が検収した時点で売上と認識します。検収とは、商品に不具合などがないか検査をすることです。検収に合格すると、検収書が発行されます。

なお、令和3年4月1日以降開始する事業年度より、新しい売上計上基準である「収益認識に関する会計基準」が、会計監査を受けていない一部の中小企業を除き強制適用されます。この基準は、購入側の顧客にとってその商品などの「資産に対する支配を獲得した時」に売上を計上することが定められています。このため、従来から行われていた売上処理の方法が、新基準での売上計上の要件を満たしているかどうかを今一度確認し、状況によっては処理方法の見直しが必要となる場合があります。

（取引例と仕訳）

　得意先甲社へ100万円分の商品を引き渡し、甲社から検収書が送られてきた。代金は月末に請求書を発行し、翌月末に振り込まれる予定である。なお、当社は検収基準で売上を計上している。

借方科目	金額	貸方科目	金額
売掛金	1,000,000	売上	1,000,000

■ 受取利息の仕訳

　普通預金や定期預金などの口座へ一定期間お金を預け入れると、利息がつきます。また、取引先等への貸付金についても、契約に沿った利息を得ることができます。受け取った利息は、営業外収益として受取利息という勘定科目で計上します。

　預金の利息は、税金が差し引かれた後の金額が入金されます。利息にかかる税金は法人税等の勘定科目で計上しておく必要があります。法人の場合では、源泉所得税および復興特別所得税で合計15.315％の税金が差し引かれて入金されます。銀行等が発行する計算書等がない場合、受取金額から税金相当分を逆算することで計算することもできます。

営業外収益

通常の営業活動以外で経常的に発生する収益や、営業活動で付随的に発生する収益。主なものとして、受取利息、受取配当金、有価証券利息、有価証券売却益、仕入割引などがある。

（取引例と仕訳）

　1年満期の定期預金に利息がつき、84,685円入金がされた。

借方科目	金額	貸方科目	金額
定期預金	84,685	受取利息	100,000
法人税等	15,315		

※受取利息＝入金額84,685円÷（1－15.315％）＝100,000円
　法人税等＝100,000円×15.315％＝15,315円

■ 受取配当金の仕訳

　株式等を保有して配当を受け取った場合、受取配当金という収益科目で処理します。受取配当金は、損益計算書上では営業外収益に表示されます。

　配当には税金がかかります。所得税および復興特別所得税の税率について、上場株式等の配当であれば合計15.315％、非上場株式の配当であれば合計20.42％が源泉徴収されます。また、配当の額や税額は、入金金額から逆算して計算することができます。

（取引例と仕訳）

　保有する株式の配当金が当座預金へ振り込まれていた。計算書を見ると、内訳は以下の通りであった。

　株主配当金200,000円・源泉所得税30,000円・復興特別所得税630円・振込金額169,370円

借方科目	金額	貸方科目	金額
当座預金	169,370	受取配当金	200,000
法人税等	30,630		

■ 仕入割引の仕訳

　仕入割引とは、仕入れを行ったときに生じた買掛金について、支払期日よりも前倒して現金を支払った場合に受ける割引のことです。通常、買掛金の中には支払期日までの利息も含まれています。その買掛金を前倒しで支払ったことにより、支払期日

までの利息が一部免除されたものが仕入割引です。このように仕入割引は金融上の収益であると考えられるため、損益計算書上は営業外収益に表示されます。仕入から直接控除される仕入値引とは性格が異なるものです。

　仕入割引は仕入代金の割引ですので、仕訳では収益の発生を表わす貸方に仕入割引を記載します。同時に買掛金の決済もなされていると考えられますので、仕訳の借方には買掛金、仕訳の貸方には割引後の買掛代金を支払う現金や預金が記載されます。

（取引例と仕訳）

　支払期日前に買掛金30万円を普通預金から支払い、1,500円の割引を受けた。

借方科目	金額	貸方科目	金額
買掛金	300,000	普通預金 仕入割引	298,500 1,500

■ 特別利益の仕訳

　たとえば、売買目的ではない資産をたまたま売却した場合や、投資有価証券を売却した場合などの、経常的には発生しない取引によって発生した利益は、特別利益として計上します。主な特別利益の科目には、固定資産売却益、投資有価証券売却益などがあります。

特別利益
臨時的・非経常的に発生する利益。主なものとして、固定資産売却益、投資有価証券売却益などがある。

（取引例と仕訳）

　帳簿価格1000万円の土地1200万円で売却した。売却代金は、普通預金に振り込まれた。

借方科目	金額	貸方科目	金額
普通預金	12,000,000	土地 土地売却益	10,000,000 2,000,000

費用の主な勘定科目の仕訳①
（売上原価）

• •

売上獲得のために直接に発生する売上原価の仕訳

■ 売上原価の仕訳

　当期の売上を上げるために必要となった仕入のことを売上原
価といいます。売上高から売上原価を差し引いたものが売上総
利益です。

　商品を仕入れた際の仕訳では仕入を計上しますが、この仕入
がそのまま売上原価となるわけではありません。なぜなら、仕
入には当期に販売されなかったもの、つまり当期の売上高には
対応していないものも含まれているからです。当期に販売され
なかったものは、当期末の在庫に含めなければなりません。一
方で、当期首の在庫が販売された場合、その金額は当期の売上
原価になります。つまり、売上原価を算定するためには、決算
の仕訳で以下のような調整を行う必要があるのです。

売上原価 ＝
当期首商品棚卸高 ＋ 当期商品仕入高 − 当期末商品棚卸高

　この計算式では、当期首の在庫すべてがいったん当期に販売
されたものと考え、そこから当期末に売れ残った分を差し引い
ています。

　仕訳の方法としては、①仕入勘定で売上原価を計算する方法、
②売上原価勘定で売上原価を計算する方法があります。

　①の方法では、当期首の在庫を仕入に振り替えた後、当期末
の在庫を仕入から除きます。

当期首の在庫を振り替える仕訳：

（借方）仕入　　　／（貸方）繰越商品

当期末の在庫を除く仕訳：

（借方）繰越商品／（貸方）仕入

　これらの仕訳によって、期中の仕訳から決算の仕訳までの仕入勘定の累計金額が売上高に対応します。

　②の方法では、当期首の在庫と当期の仕入高をすべて売上原価に振り替え、当期末の在庫分だけ売上原価から除きます。

当期首の在庫を振り替える仕訳：

（借方）売上原価／（貸方）繰越商品

当期の仕入高を振り替える仕訳：

（借方）売上原価／（貸方）仕入

当期末の在庫を除く仕訳：

（借方）繰越商品／（貸方）売上原価

　上記の仕訳の累計により導き出された売上原価勘定の金額が、売上に対応したものになります。なお、製造を行っている会社では仕入ではなく製造原価を用いて計算します。

（取引例と仕訳）

　決算において、売上原価勘定で売上原価を計算した。なお、期首商品棚卸高は200万円、期末商品棚卸高は120万円、当期仕入高は720万円である。

借方科目	金額	貸方科目	金額
売上原価	2,000,000	繰越商品	2,000,000
売上原価	7,200,000	仕入	7,200,000
繰越商品	1,200,000	売上原価	1,200,000

※期首商品棚卸高200万円＋当期仕入720万円－期末商品棚卸高120万円＝当期の売上原価800万円

費用の主な勘定科目の仕訳②
（販売費及び一般管理費）

通常の営業活動により発生する費用の仕訳

■ 給料の仕訳

　社員やアルバイトへ支給する給料は、給料という科目で費用に計上します。給料からは、税金や社会保険料などが差し引かれて支給されます。少し複雑ですが、仕訳のパターンを覚えておくとよいでしょう。なお、賞与を支給する場合も処理は同じですが、「賞与」「賞与手当」など、給料と勘定科目を区別している場合もあります。

（取引例と仕訳）

　従業員20人分の給与を振り込んだ。

　（内訳）

　①　支給額　給与500万円・通勤手当35万円

　②　給与から徴収する金額　源泉所得税60万円・市民税20万円・健康保険料30万円・厚生年金保険料40万円

借方科目	金額	貸方科目	金額
給料	5,000,000	普通預金	3,850,000
通勤費	350,000	預り金	1,500,000

※預り金＝60万円＋20万円＋30万円＋40万円＝150万円

■ 賃借料の仕訳

　事務所用の部屋を借りた場合や備品のリースなど、賃貸契約に基づいた資産の使用料は賃借料の科目で処理します。ただし、駐車場の一時預かりなどの使用料は旅費交通費になります。部

販売費及び一般管理費の分類

「販売費及び一般管理費」とは、企業本来の営業活動である、商品や製品などの販売業務において発生した費用（販売費）や、本社の一般管理業務において発生した費用（一般管理費）のことをいう。主なものとして、人件費（給料、役員報酬、賞与、賞与引当金繰入、退職給付費用、通勤費、法定福利費）、福利厚生費、減価償却費、運賃、支払手数料、交通費、水道光熱費、通信費、広告宣伝費、会議費、修繕費、保険料、租税公課、消耗品費、賃借料、新聞図書費、寄付金、交際費、貸倒引当金繰入、貸倒損失などがある。

屋代や駐車場代など不動産の使用料については、地代家賃、家賃などの科目を使う場合もあります。

（取引例と仕訳）

コピー機の年間リース料36万円が、普通預金口座より引き落とされた。

借方科目	金額	貸方科目	金額
賃借料	360,000	普通預金	360,000

■ 通信費の仕訳

電話やインターネットの利用料、郵便物の送付代などは通信費という科目で処理します。通信費とは、業務上の相手への連絡にかかった費用です。ただし、パンフレットやチラシなどをダイレクトメールで大量に発送する場合は、広告宣伝費として処理する場合もあります。

（取引例と仕訳）

切手代1万円を現金で支払った。

借方科目	金額	貸方科目	金額
通信費	10,000	現金	10,000

■ 広告宣伝費の仕訳

販売する商品や会社名などを周知させるための支出は、広告宣伝費という科目で処理します。たとえば新聞や雑誌、テレビ、インターネットなどの媒体を利用した広告代や、チラシ・パンフレットの製作費用などです。一般消費者へ配布するための試供品や社名入りの品物の製作代も、広告宣伝費に該当します。

このように、広告宣伝費は不特定多数を対象としているのが特徴です。なお、得意先の社員など、限られた人が支出の相手先である場合は、原則として交際費になります。混同しやすい

販売費

販売費及び一般管理費のうち、会社が商品や製品などを販売するために支出した費用である。代表的なものとしては運送料、営業マンの給料、広告宣伝費、販売手数料などがある。

ので注意しましょう。

（取引例と仕訳）

業界雑誌へ広告を出し、広告料10万円を小切手で支払った。

借方科目	金額	貸方科目	金額
広告宣伝費	100,000	当座預金	100,000

■ 水道光熱費の仕訳

電気やガス、水道などの使用料は、水道光熱費として処理をします。製造業の場合は、工場で発生した光熱費と本社事務所で発生した光熱費とを区分します。これは、工場の経費を製品の原価に含める計算を行うためです。

水道光熱費は、経過した期間に応じて計上します。期末において支払期日が未到来の光熱費についても、未払費用とともに計上する必要があります。毎月の光熱費が正しく計上されているか、総勘定元帳などでチェックをするようにしましょう。

（取引例と仕訳）

当月分の電気代３万円が、普通預金口座から引き落とされた。

借方科目	金額	貸方科目	金額
水道光熱費	30,000	普通預金	30,000

■ 交際費の仕訳

取引先との関係を円滑にするため、事業の一環として一緒に食事をしたり、中元や歳暮を贈ったりする場合があります。このような支出は交際費といって費用として取り扱われます。交際費の主な具体例としては、飲食代や贈答品の費用の他に、香典や祝金などの冠婚葬祭費用、観劇チケットや旅行、ゴルフのプレー代などが挙げられます。

交際費は、福利厚生費や会議費、広告宣伝費など、他の勘定

科目と混同しやすいケースも多いので、注意が必要です。

　ところで、会社の交際費の処理に関していえば、法人税法の取扱いも理解しておく必要があります。交際費は役員や従業員の私的な支出がまぎれこみやすいこともあり、法人税法では、交際費として経費に計上できる金額に上限が設けられています。これを損金算入限度額といいます。損金算入限度額は、大企業と中小企業で異なります。まず大企業は、飲食のために支出する交際費の50％までを経費として計上することができます。

　一方、資本金１億円以下の中小企業の場合は、年間800万円と、飲食のために支出する交際費の50％とを比較してどちらか大きい方の金額までを経費とすることができます。仮にこの金額を超えて交際費として処理をした場合、超えた金額については税金を計算する上で経費として認められませんが、交際費として計上した金額を取り消す必要はありません。

　なお、たとえ内容が交際費でも、税法上は交際費と認識しなくてよいものがあります。それは「１人当たり5,000円以下の飲食費」です。社外の人と飲食店等で会食を行った場合には、一度の飲食代を参加者の人数で割った金額が5,000円以下であれば、一定の記録を残しておくことを要件に全額経費に計上することが可能です。これは大企業でも中小企業でも同じ扱いになります。交際費と区別するために、飲食費や会議費などの科目を使うこともできます。

（取引例と仕訳）
　取引先の担当者をゴルフに招待し、プレー代５万円を現金で支払った。

借方科目	金額	貸方科目	金額
交際費	50,000	現金	50,000

費用の主な勘定科目の仕訳③ （その他の費用・損失）

主な営業活動以外で発生する費用・損失の仕訳

■ 支払利息の仕訳

　銀行借入などに対する利子の支払いがあれば、支払利息という科目で営業外費用に計上します。また、社債を発行している場合の利息は社債利息という科目で計上します。営業外費用とは、営業活動との直接的な関わりはないが、事業活動を続ける上で経常的に発生する費用のことをいいます。支払利息の場合、借入という財務活動において発生するため、営業外費用に分類されます。

（取引例と仕訳）

　甲社は乙銀行から事業資金の借入をしており、毎月返済をしている。当月は、借入金の返済額として20万円が、借入金の利息として２万3000円が当座預金から引き落とされた。

借方科目	金額	貸方科目	金額
長期借入金	200,000	当座預金	223,000
支払利息	23,000		

■ 売上割引の仕訳

　売上割引とは、入金期日よりも前倒して売掛金が支払われた場合に行う売掛金の割引をいいます。この割引を仕入先から見ると、早期の支払いにより買掛金の一部が免除されているものであり、仕入割引に該当します。

　通常、売掛金の中には入金期日までの利息も含まれています。入金期日よりも前に売掛金を回収できたことにより、入金期日

までの利息を一部免除したものが売上割引です。このように売上割引は金融上の費用であると考えられるため、売上高から直接控除せずに、営業外費用として計上します。売上高から直接控除される売上値引とは性格が異なるものです。

　売上割引は金融上の費用ですので、仕訳では費用の発生を表わす借方に売上割引を記載します。同時に売掛金の決済もされていますので、仕訳では資産の減少を表わす貸方に売掛金を、借方には割引後の売掛代金に対して入金された現金や預金が記載されます。

(取引例と仕訳)

　入金期日前に売掛金150万円が回収されるため、売掛金から2,000円を割引した。残りの売掛代金は当座預金に入金された。

借方科目	金額	貸方科目	金額
当座預金 売上割引	1,498,000 2,000	売掛金	1,500,000

■ 特別損失の仕訳

　たとえば、売買目的ではない資産をたまたま売却した場合や、災害を受けた場合に発生した損失は特別損失として計上します。主な特別損失の科目には、固定資産売却損、投資有価証券売却損、災害損失などがあります。特別損失に分類することで経常的には発生しない損失であることを表わしています。

特別損失
臨時的・非経常的に発生する損失。主なものとして、固定資産売却損、減損損失、災害損失などがある。

(取引例と仕訳)

　火災被害により、帳簿価格500万円の倉庫が全焼した。

借方科目	金額	貸方科目	金額
災害損失	5,000,000	建物	5,000,000

Column

仕訳の覚え方

　簿記は、取引の数だけ仕訳が存在し、これらをすべてやみくもに暗記していくのはとても非効率です。①どの勘定科目を使い、②「資産」「負債」「純資産」「収益」「費用」のどれに属し、③借方（左側）、貸方（右側）のどちらなのか、という理解の前提となる「イメージ」を植え付けさせていくことが重要です。それには、まずは資産と負債の代表的な仕訳のパターンをマスターしていくことから始めるとよいでしょう。資産の代表格は現金です。現金は借方科目のため、現金をもらったときのように「嬉しくなるものは左側（借方）にくる」ということをイメージします。一方、負債の代表格は借入金です。借金をした場合のように「嬉しくないものは右側（貸方）にくる」ということをイメージします。これにより、現金100を借り入れたという仕訳は「（借方）現金100（貸方）借入金100」ということが理解しやすくなります。逆に、借金100を現金で返済した場合には逆パターンになるため「（借方）借入金100（貸方）現金100」となります。他の資産である売掛金や建物、他の負債である買掛金や未払金などを使用した仕訳も同じような考え方によりマスターができるかと思います。

　次に、収益・費用の取引です。商品100を現金で売上げた場合、上記により借方は現金で確定ですので、その相手の貸方は売上ということになり「（借方）現金100（貸方）売上100」となります。つまり、成果や儲けにあたる収益の科目は右側（貸方）になることがイメージできます。そして、文具100を現金で購入した場合には、貸方は現金で確定ですので、その相手の借方は費用となり「（借方）事務用品費100（貸方）現金100」となります、つまり、費用（経費）は左側（借方）になることがイメージできます。

　このようなイメージを徐々に増やしていくことで、おのずと多くの仕訳のマスターが可能となっていくことでしょう。

PART 4

決算書のしくみ

試算表の作成

決算書を形作っていくためのたたき台になる

■ 試算表を作るということ

　試算表とは、勘定科目別に集計した表形式の書類です。英語でトライアルバランス（Ｔ／Ｂ）ともいいます。経理担当者が、地道に行ってきた仕訳作業の最終チェックに用いるのが試算表です。そして、試算表に集計された数字を一定の型式にあてはめたものが決算書です。つまり試算表は、決算書を形作っていくためのたたき台ということになります。

　わかりやすいように、「現金」という勘定科目で例をあげてみます。「現金」の残高は貸借対照表上では左側の「借方」の上部に表示されています。これは１年間の事業活動の結果、左から入ってきたお金のうち金庫に残った残高ということになります。試算表上「現金」の金額として計算された数字がそのまま貸借対照表上の「現金」欄に転記されるというわけです。要するに、試算表は決算書の基となるすべての要素がつまっているということです。

　では、試算表とはどのような形式なのでしょうか。

　試算表には、合計試算表、残高試算表、合計残高試算表の３種類があります。外部に公表する書類ではありませんが、１か月、半年、１年など必要に応じて随時作成されます。

　合計試算表は、勘定科目ごとの借方、貸方それぞれに発生した累計金額が表示されます。残高試算表は、勘定科目ごとの一定時点の残高のみが表示されます。借方または貸方にその勘定科目の残高が表示されるため、貸借対照表や損益計算書の大まかなイメージができます。合計残高試算表は、合計試算表と残

**残高試算表と
合計試算表**

残高試算表は、各科目の期末現在の残高が表示されるため、内容は貸借対照表や損益計算書に似ている。合計試算表は、各科目の発生した累計額が表示されるため、その期間の取引のおおよその規模感がわかる。

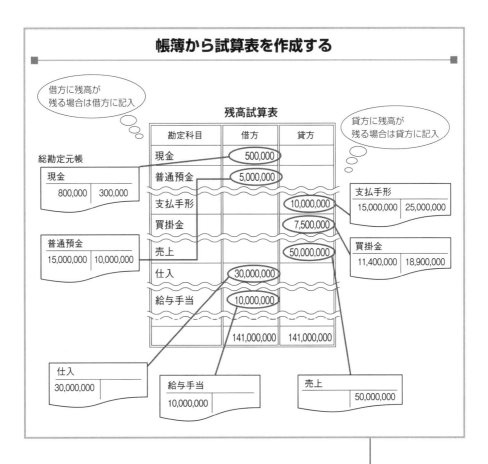

帳簿から試算表を作成する

残高試算表

勘定科目	借方	貸方
現金	500,000	
普通預金	5,000,000	
支払手形		10,000,000
買掛金		7,500,000
売上		50,000,000
仕入	30,000,000	
給与手当	10,000,000	
	141,000,000	141,000,000

借方に残高が
残る場合は借方に記入

貸方に残高が
残る場合は貸方に記入

総勘定元帳

現金
| 800,000 | 300,000 |

普通預金
| 15,000,000 | 10,000,000 |

支払手形
| 15,000,000 | 25,000,000 |

買掛金
| 11,400,000 | 18,900,000 |

仕入
| 30,000,000 | |

給与手当
| 10,000,000 | |

売上
| | 50,000,000 |

高試算表が合体したような形式で、科目ごとの借方、貸方それぞれの累計金額と差引残高の両方が表示されています。

再び「現金」の例で見てみましょう。期首の残高が1,000円、プラスである借方の取引合計は10,000円、マイナス項目である貸方項目の取引合計は5,000円、差し引いて年度末の残高が6,000円であったとします。合計試算表の場合、借方11,000円、貸方5,000円と表示されます。残高試算表の場合、借方に6,000円のみ表示されます。合計残高試算表の場合、借方11,000円、貸方5,000円、さらに借方の残高欄に6,000円と表示されます。

決算書は外部へ提出するために作成する書類ですので、四半

期、半年、1年ごとなど、作成時期は決まっています。一方試算表は、会社の内部で作成されるもので、決算書の前段階の資料として、計画的な決算スケジュールに基づいて作成する必要があります。

■ ミスがないように気をつける

　このように、試算表は「仕訳帳→総勘定元帳」という転記のプロセスにおいて誤りがなかったかどうかを、①総勘定元帳の全集計（合計または残高試算表）における貸借の一致と、②総勘定元帳の全集計（合計試算表）における貸借の合計額と仕訳帳の貸借合計額の一致、との二面から確認（試算）を行う計算書です。

　試算表は「転記が正しく行われたか」、つまり仕訳帳と総勘定元帳を比較して「転記」について確認を行うためのものであるため、「試算表の作成」自体を誤ってしまうと元も子もなくなってしまいます。これに十分注意をしなければなりません。

　よく起こりがちなミスとしては、合計試算表を作るつもりが一部「残高試算表」になってしまっている（あるいはその逆）というケースです。残高試算表は「残高」を表示するものであるため、それぞれ各勘定項目において借方または貸方のどちらかにしか数字が表示されません。他方、合計試算表の場合は、①借方と貸方両方に数字が表示されるまたは②借方または貸方のどちらかに数字が表示されるという2つのパターンがあります。この点に十分注意しながら試算表の作成を行うことで、「合計」・「残高」の混同というミスが防ぎやすくなります。

　また、試算表への記入の前段階、つまり各勘定の集計を行う際の計算ミスにも注意が必要です。ただし、会計ソフトを使って試算表を作成する場合には、正しい仕訳が入力されていれば、転記や集計などのミスは通常発生しません。

**会計ソフトでの
試算表**

会計ソフトでは、期首残高、当期の借方計上額、当期の貸方計上額、期末残高が表示される試算表が主流である。

合計試算表と残高試算表

	合計試算表			残高試算表	
	令和2年3月31日			令和2年3月31日	
借方	勘定科目	貸方	借方	勘定科目	貸方
800,000	現金	300,000	500,000	現金	
15,000,000	普通預金	10,000,000	5,000,000	普通預金	
20,000,000	定期預金		20,000,000	定期預金	
18,400,000	受取手形	9,000,000	9,400,000	受取手形	
19,700,000	売掛金	6,900,000	12,800,000	売掛金	
3,000,000	繰越商品		3,000,000	繰越商品	
350,000	未収入金	300,000	50,000	未収入金	
250,000	前払費用		250,000	前払費用	
40,000,000	建物		40,000,000	建物	
5,050,000	車両運搬具	50,000	5,000,000	車両運搬具	
2,000,000	什器備品		2,000,000	什器備品	
15,000,000	支払手形	25,000,000		支払手形	10,000,000
11,400,000	買掛金	18,900,000		買掛金	7,500,000
150,000	未払金	220,000		未払金	70,000
	未払費用	150,000		未払費用	150,000
400,000	預り金	750,000		預り金	350,000
500,000	短期借入金	5,500,000		短期借入金	5,000,000
1,200,000	長期借入金	31,200,000		長期借入金	30,000,000
	貸倒引当金	200,000		貸倒引当金	200,000
	減価償却累計額	27,600,000		減価償却累計額	27,600,000
	資本金	10,000,000		資本金	10,000,000
	売上	50,000,000		売上	50,000,000
	受取利息	80,000		受取利息	80,000
	雑収入	50,000		雑収入	50,000
30,000,000	仕入		30,000,000	仕入	
10,000,000	給与手当		10,000,000	給与手当	
200,000	福利厚生費		200,000	福利厚生費	
250,000	接待交際費		250,000	接待交際費	
150,000	旅費交通費		150,000	旅費交通費	
600,000	通信費		600,000	通信費	
230,000	消耗品費		230,000	消耗品費	
550,000	水道光熱費		550,000	水道光熱費	
50,000	支払手数料		50,000	支払手数料	
70,000	租税公課		70,000	租税公課	
220,000	保険料		220,000	保険料	
400,000	雑費		400,000	雑費	
280,000	支払利息		280,000	支払利息	
196,200,000		196,200,000	141,000,000		141,000,000

決算整理

正しい決算書を作成するための調整作業である

■ 決算整理をする

決算手続きでは、決算整理と呼ばれる作業により帳簿記録に必要な手続きを行い、会計の最終目的である報告の準備（財務諸表の作成）を行います。

決算整理の具体例としては、棚卸表の作成、売上原価の計算、貸倒引当金などの引当金の計上、収益や費用の見越し・繰延計上、減価償却費の計上などがあります。以下、主な作業について見ていきましょう。

・売上原価を計算する

当期に仕入を行った金額の中には、実は翌期に販売する予定の商品の分も混在していることがあります。要するに棚卸資産です。反対に、前期の棚卸資産については、実は当期首以降に販売されています。つまり帳簿上の仕入勘定には前期分が入っていない代わりに、翌期分が混在しているおそれがあるということです。しかし、売り上げた分に対応した仕入金額が表示されていなければ、正確な利益は計算できません。そこで、前期の棚卸資産の金額を当期の仕入に加え、当期末の棚卸資産の金額を仕入から除外する決算整理仕訳を行うことで、正確な仕入金額を計算します。このように、決算整理によって当期の売上に対応する金額に修正された仕入金額のことを、売上原価といいます。

・引当金を計上する

取引先が倒産して、売掛金や受取手形などの債権が回収できなくなる場合があります。回収できなくなってしまった債権の

棚卸表の作成

卸売業や小売業、製造業などを営む会社は、決算において棚卸表と呼ばれる書類を作成する。棚卸表とは、期末時点で会社に在庫として残っている商品や自社製品（棚卸資産）の有り高とその金額を一覧表にしたものである。当期の正確な売上原価を計算するために必要な、決算整理のための準備作業である。

決算整理で行う主な作業

- ◎ 売上原価の計算
- ◎ 引当金の計上
- ◎ 収益や費用の見越し・繰延べ計上
- ◎ 減価償却費の計算

→ 正確な当期の損益

ことを貸倒損失といいます。

　貸倒損失によるリスクに備え、損失となるかもしれない金額を予想して、あらかじめ計上しておく場合があります。このように、将来の損失に備えて計上するものを引当金といいます。貸倒れに対する引当金ですので、「貸倒引当金」という勘定科目を決算修正仕訳で追加します。

・収益や費用の繰延べ計上

　収益や費用について当期の収益・費用として処理するか、あるいは翌期の収益・費用として処理するか、整理する必要があります。決算整理仕訳により、翌期の収益や費用に計上しなおすことを繰延べ計上といいます。

・収益や費用の見越し計上

　当期の収益や費用でも、まだ収入や支払いがされていないものについては計上されていない場合があります。このような収益や費用も決算整理仕訳で計上する必要があります。これを見越し計上といいます。

・減価償却費を計上する

　減価償却（96 〜 105ページ）の仕訳には、直接法と間接法の2つの方法があります。直接法と間接法の違いは、貸借対照表上の償却資産（減価償却される資産）の価額表示です。

直接法と間接法
減価償却の仕訳を直接法で行う場合は「車両運搬具」という固定資産が直接減額され、期末の貸借対照表では減価償却後の車両運搬具の残高が表示される。他方、間接法の場合は、「減価償却累計額」という勘定科目に、毎年の減価償却費の累計額が記録されていく。要するに「減価償却累計額」が「車両運搬具」とともに併記され、差引後の実質価額が表示されるのである。つまり間接法では、減価償却されてきた額と、もともとの価価（取得原価）がわかるという点で優れているといえる。

減価償却①

その年度の損益を適正に算出するのが目的である

■ 減価償却とは

建物、機械、車両運搬具など、会社が長期にわたって事業に使用する資産を固定資産といいます。これらの固定資産は、時の経過や使用状況によって古くなったり、性能が落ちたりするため、徐々にその資産の価値が減少します。このような資産を減価償却資産といいます。減価償却資産には、建物や機械のような形のある資産（有形固定資産）以外にも、たとえば特許権やソフトウェアなど、形のない資産（無形固定資産）も含まれます。

減価償却資産の取得価額は、その使用した全期間に獲得した収益に対応する費用と考えられることから、消耗品を購入したときのように、購入したときに全額を費用にすることは、適正な期間損益を計算する上で妥当な方法ではないとして認められていません。

処理方法としては、まず、取得したときに取得価額で資産計上し、価値の減少分を、その資産を使用する各期間に費用として配分します。この毎年費用化していく手続きが減価償却です。ただし、土地や借地権などのように、時が経過してもその価値が減少しないものについては、減価償却をすることはできません。

この減価償却費を各会社の自由にまかせると、著しく課税の不公平を生じさせることにつながりますので、税法では、減価償却の方法に一定のルールを設けています。つまり、資産の種類と使用目的により、「耐用年数等に関する省令」で法定耐用年数を定めているのです。

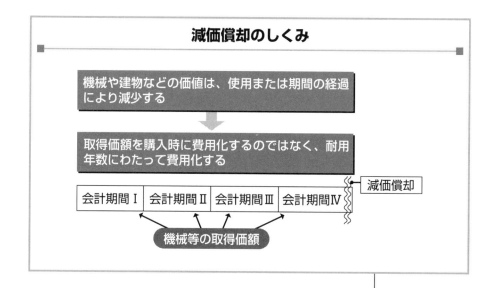

減価償却のしくみ

機械や建物などの価値は、使用または期間の経過
により減少する

取得価額を購入時に費用化するのではなく、耐用
年数にわたって費用化する

会計期間Ⅰ	会計期間Ⅱ	会計期間Ⅲ	会計期間Ⅳ

減価償却

機械等の取得価額

　なお、会計上の原則は、あくまで企業がその使用する固定資産の経済的耐用年数を見積もって減価償却を行うことになっていますが、企業の状況に照らし、経済的実態等を踏まえて不合理と認められる事情のない限り、税法上の耐用年数を使用することが認められています。

■ 定額法と定率法が最も一般的である

　減価償却の方法には、定額法・定率法・生産高比例法・リース期間定額法がありますが、償却方法として一般的なのは「定額法」と「定率法」です。

　なお、新たに設立した法人は、その設立事業年度の確定申告書の提出期限までに選択した償却方法を税務署に届け出ることになっています。また、税法上は平成10年4月1日以降に取得した建物、平成28年4月1日以降に取得した建物付属設備及び構築物については、定額法を適用することになっています。

■ 少額の減価償却資産

　取得価額が10万円未満の資産や、1年未満で消耗するような資産については、税務上少額減価償却資産として、事業に使った年度の費用として全額損金の額に算入させることができます。

■ 税務上の特別な償却方法

　法人税法上では、会計の考え方に基づいた償却方法の他に、経済対策など政策上の理由から、通常よりも割り増した金額を特別に損金算入できる場合があります。

■ 資本的支出と修繕費はどう違うのか

　建物・車両運搬具・工具器具備品等は、使用していると故障や破損することがあります。これらの症状をなるべく少なくするためには、定期的な管理あるいは改良などが必要になってきます。

　修繕費とは、今までと同様に使用するために支出する、修理・維持管理・原状回復費用等をいいます。

　資本的支出とは、その資産の使用可能期間を延長させたり、またはその資産の価値を増加させたりするための支出をいいます。つまり、これは修理というより改良・改装等という言葉が合うものと考えてください。修繕費は、各事業年度において、その支出した全額を損金の額に算入します。

　資本的支出は、その支出する日の属する事業年度の所得金額の計算上、損金の額に算入することはできません。ただし、その資本的支出の金額は、減価償却資産の減価償却費として損金経理をした場合には、その部分を通常の減価償却費と同様に損金の額に算入できます。

■ 資本的支出と修繕費をどうやって区別するのか

　税務上、その使用可能期間の延長分や資産の価値増加部分を

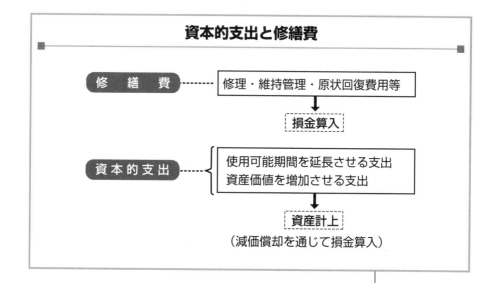

資本的支出と修繕費

修　繕　費 ┈┈ 修理・維持管理・原状回復費用等
↓
損金算入

資本的支出 ┈┈ { 使用可能期間を延長させる支出
資産価値を増加させる支出 }
↓
資産計上
（減価償却を通じて損金算入）

判断することは困難な場合が多いため、次の判断基準が設けられています。

① **少額または周期の短い費用の損金算入**

1つの修理、改良等が以下のどちらかに該当する場合には、その修理、改良等のために要した費用の額は、修繕費として損金経理をすることができます。

・1つの修理、改良等の費用で20万円に満たない場合
・その修理、改良等がおおむね3年以内の期間を周期として行われることが明らかである場合

② **形式基準による修繕費の判定**

1つの修理、改良等のために要した費用の額のうちに資本的支出か修繕費かが明らかでない金額がある場合において、その金額が次のどちらかに該当するときは、修繕費として損金経理をすることができます。

・その金額が60万円に満たない場合
・その金額がその修理、改良等に関する固定資産の前期末における取得価額のおおむね10％相当額以下である場合

減価償却②

償却方法には、定額法、定率法、生産高比例法、リース期間定額法などがある

■ 減価償却の方法は法人か個人かによって異なる

　法人税や所得税を計算する際に適用する減価償却の方法は、法人と個人で違いがあります。

　個人の場合は、強制償却といって、必ず償却限度額を減価償却費として、必要経費に算入しなければなりません。

　法人の場合は任意償却といって、計算した償却限度額以内の減価償却費の計上であれば、損金の額に算入されます。ただし、今期計上しなかった不足分を翌期に計上することはできません。償却限度額を超えて計上された減価償却費は、損金不算入となります。

■ 法人税法上の減価償却方法は4種類ある

　法人税法では、資産の種類によって、以下の4種類の償却方法を定めています。

① 定額法

　減価償却資産の取得価額に、償却費が毎期同額となるように定められた資産の耐用年数に応じた償却率を掛けて計算した金額を、各事業年度の償却限度額とする方法です。平成19年3月31日以前に取得した資産については、償却限度額は、取得価額から残存簿価10％を控除した金額に償却率を掛けて計算します。

② 定率法

　減価償却資産の取得価額（2年目以後は取得価額からすでに償却した金額で各期間の所得金額の計算上損金に算入したものを控除した金額）に、償却費が毎期一定の割合で逓減するよう

リース取引

リース取引とは、以下①②の要件を満たすものをいう。
① リース期間中の中途解約が禁止である、または中途解約をした場合の未経過期間リース料のおおむね全部（90％以上）を支払うものである
② 賃借人がリース資産からの経済的な利益を受けることができ、かつ、資産の使用に伴って生ずる費用を実質的に負担すべきとされている

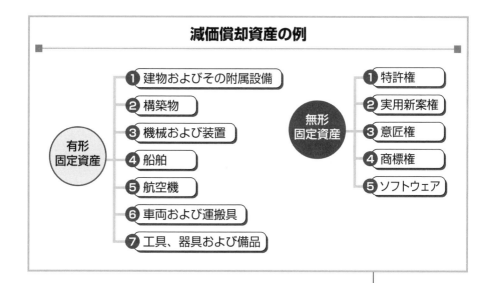

減価償却資産の例

有形固定資産
1. 建物およびその附属設備
2. 構築物
3. 機械および装置
4. 船舶
5. 航空機
6. 車両および運搬具
7. 工具、器具および備品

無形固定資産
1. 特許権
2. 実用新案権
3. 意匠権
4. 商標権
5. ソフトウェア

に定められた資産の耐用年数に応じた償却率を掛けて計算した金額を、各事業年度の償却限度額とする方法です。

③ 生産高比例法

鉱業用の減価償却資産と鉱業権についてだけ認められている方法で、その事業年度の採掘量を基準として償却限度額を計算する方法です。

④ リース期間定額法

リース期間を償却年数として、リース資産の取得価額から残価保証額を控除した残額を、リース期間にわたり各期に均等に償却する方法です。

■ リース取引の取扱い

リース契約を締結した場合、法人税法上は売買処理として取り扱われます。資産を購入するということは、その取得原価に対して減価償却を行うことになるわけですが、この時に用いられる計算方法は、そのリース資産の所有権が最終的に賃貸人のものになるのかどうかで異なります。

リース契約が所有権移転するかどうかの判定

以下のいずれかに該当する場合は所有権移転リースである。
ⓐ リース期間終了時または期間の中途において、リース資産が無償または名目的な対価で賃借人に譲渡される
ⓑ リース期間終了時またはリース期間の中途において、リース資産を著しく有利な価額で買い取る権利が賃借人に与えられる
ⓒ リース資産の種類、用途、設置の状況から、その賃借人のみに使用されると見込まれるものまたはその資産の識別が困難であると認められるもの
ⓓ リース期間が、リース資産の耐用年数と比較して相当短いもの

償却額は、所有権移転リース取引の場合、その資産に応じて定額法、定率法、生産高比例法を用いて計算します。所有権移転外リース取引の場合、リース期間定額法を用いて計算します。

ただし、リース契約1件当たり300万円以下の所有権移転外リース取引、リース期間が1年以内の取引、上場企業等以外の中小企業のリース取引については、賃貸借処理が認められており、支払ったリース料を損金として算入できます。

正規の減価償却

減価償却の方法は、合理的に決定された一定の方式に従い、毎期計画的、規則的に実施されなければならない。これを正規の減価償却という。
特別償却や割増償却は、基本的には正規の減価償却とはいえず、一部を除いて会計上は認められていない。

■ 特別償却と割増償却

一般的な減価償却の方法以外にも、特別償却、割増償却という方法が認められる場合があります。いずれも設備投資を促すなどの政策上の目的で特別に認められた償却方法であり、通常の減価償却費より多めに損金算入することで、適用した法人の納める税金が少なくなるようなしくみになっています。特別償却とは、一般的な減価償却方法に加えて一定の償却費を特別に損金算入できる方法をいいます。割増償却とは、通常の計算方法による減価償却額に一定率を掛けた額を加算して割増で損金に算入できる方法をいいます。

■ 生産性向上を促す中小企業経営強化税制

これは産業競争力の強化のために設けられた制度で、生産性などを一定以上向上させる設備を購入した場合、特別償却または税額控除を受けることができるというものです。特別償却の場合、取得価額全額を即時償却することができます。要するに、取得価額全額を損金に算入できます（ただし、令和3年3月31日までに取得して事業のための使用を開始した一定の設備に限る）。

■ 中小企業者の特例

中小企業者には、減価償却に関する特例が設けられています。取得価格が30万円未満の減価償却が必要な資産を取得した場合

減価償却の方法

償却方法	償却限度額の算式
定額法	取得価額 × 耐用年数に応じた 定額法の償却率 ※平成19年4月1日以降 取得分
定率法	(取得価額−既償却額) × 耐用年数に応じた 定率法の償却率
生産高比例法	$\dfrac{取得価額}{耐用年数と採堀予定年数のうち短い方の期間内の採堀予定数量}$ × 採堀数量 ※平成19年4月1日以降 取得分
リース期間定額法	$\left(\begin{array}{c}\text{リース資産}\\\text{の取得価額}\end{array}−\begin{array}{c}\text{残価}\\\text{保証額}\end{array}\right)$ × $\dfrac{当該事業年度のリース期間の月数}{リース期間の月数}$

には、取得価額の全額を経費として扱うことができます。これを少額減価償却資産といいます。ただし、経費扱いできる合計金額には上限があり、300万円までです（当期が1年未満の場合は「300万円×事業年度の月数／12」の金額となります）。

特例の対象となる中小企業者とは、青色申告書を提出する資本金1億円以下の法人で、資本金1億円超の大規模法人に発行済株式（自己株式を除く）の50％以上保有されていないなど、一定要件を満たす法人をいいます。

■ 一括償却資産

一括償却とは、取得価額が20万円未満の事業用資産をすべて合算して、償却期間36か月で損金に算入していくことをいいます。要するに、取得価額総額の3分の1ずつを毎年均等に費用化していくということです。一括償却の対象となる資産を一括償却資産といいます。一括償却は、青色申告書を提出していない場合にも適用できますが、中小企業者の特例である少額減価償却を適用していないことが条件になります。

減価償却③

税務上の耐用年数は、固定資産の種類、用途、細目ごとに決められている

■ 法定耐用年数とは

耐用年数とは、資産を事業で使用できる期間のことをいいます。減価償却計算を行う際の基礎となるものです。物理的な面、機能的な面などを考慮して定められます。

本来、固定資産は、同種のものであっても、操業度の大小、技術水準、修繕維持の程度、経営立地条件の相違などにより耐用年数も異なるはずです。しかし、そうした実質的な判断を認めると、会社の都合で勝手に耐用年数を決めることができるようになり、減価償却費の計上額にも恣意性が介入してしまいます。これでは、税の公平という観点から望ましくありません。

そこで、税法では、原則として、個々の資産の置かれた特殊条件に関わりなく、固定資産の種類や用途などに応じて画一的に定めた耐用年数を適用することになっています。これを法定耐用年数といいます。これに基づけば、たとえば、木造で事務所用に用いられる建物の耐用年数は24年になります。税務上の法定耐用年数は、「減価償却資産の耐用年数等に関する省令」（一般に「耐用年数省令」といいます）で詳細に定められています。

ただし、稼働状況により、実際の使用期間が法定耐用年数より10％以上短くなる場合には、納税地の所轄国税局長の承認を受けて、耐用年数を短縮することが認められています。

■ 中古資産の耐用年数はどうやって計算するのか

中古資産を取得して事業に使った場合、その資産の耐用年数

固定資産

企業が長期間使用する資産のこと。土地・建物・機械などの「有形固定資産」、特許権・商標権などの「無形固定資産」、投資有価証券・長期貸付金などの「投資その他の資産」に分類される。

耐用年数省令

正式には「減価償却資産の耐用年数等に関する省令」といい、減価償却資産の耐用年数の基準や減価償却の計算方法などについて規定している。頻繁に改正が行われており、最新の情報は国税庁のウェブサイトなどで確認できる。

耐用年数とは

法定耐用年数 → 固定資産の種類・用途・細目ごとに画一的に定めた耐用年数

（課税の公平化の観点から恣意性を
排除するもの）

税務上の法定耐用年数は「耐用年数省令」で
詳細に定めている

は、法定耐用年数ではなく、その事業に使った時以後の使用可能期間として見積もることのできる年数にします。また、使用可能期間の見積りが困難であるときは、以下で述べる簡便法により算定した年数を耐用年数にすることができます。その際、中古資産を取得した時点で、その中古資産が法定耐用年数を全部経過しているかどうかにより計算方法が異なります。

① **法定耐用年数の全部を経過した資産**

その法定耐用年数の20％に相当する年数を耐用年数とします。

② **法定耐用年数の一部を経過した資産**

その法定耐用年数から経過した年数を差し引いた年数に経過年数の20％に相当する年数を加えた年数を耐用年数とします。

なお、これらの計算により算出した年数に１年未満の端数があるときは、その端数を切り捨て、その年数が２年に満たない場合には２年とします。

また、その中古資産の再取得価額の100分の50に相当する金額を超える改良を行った場合など、一定の場合には耐用年数の見積りをすることはできず、法定耐用年数を適用することになります。再取得価額とは、中古資産と同じ新品のものを取得する場合の価額をいいます。

精算表の作成

決算本手続のプロセスを一枚の表に表わしたものである

■ 精算表の作成の仕方

決算作業の過程として、精算表という書類を作成することがあります。精算表とは、「残高試算表→決算修正仕訳→財務諸表」の決算本手続きプロセスを1つの表形式によって反映したものです。精算表は、残高試算表欄、決算修正仕訳欄、貸借対照表欄、損益計算書欄の、合計8桁にわたる項目に記入する、「8桁式」が主流とされています。

精算表を作成する準備段階として、まず決算整理前の試算表残高のチェックを行います。順番に総勘定元帳や社内の各種帳票などと照合し、計上漏れや単純な金額の誤りなどはないかを確かめる作業です。そしてチェックした試算表残高をそのまま残高試算表欄へ移し替えていきます。次に、決算修正に関する仕訳を、決算修正仕訳欄の借方、貸方それぞれ発生した箇所に記入します。そして決算修正仕訳がある勘定科目は、これをプラスマイナスした金額を貸借対照表欄または損益計算書欄に埋めていきます。最後に当期純利益または当期純損失の金額を求めます。この段階では、損益計算書欄及び貸借対照表欄それぞれの借方と貸方に、同じ金額の差額が生じているはずです。この差額を「当期純利益」または「当期純損失」として記入し、それぞれの貸借を一致させていきます。貸借が一致していることを確認すると、精算表は完成です。残高試算表欄と決算修正仕訳欄の記入を基に、貸借対照表欄から貸借対照表が、損益計算書欄から損益計算書が作成されることになります。

しかし、コンピュータ会計が普及している昨今では実務上に

精算表

決算整理前残高試算表、決算修正仕訳、貸借対照表・損益計算書が一つのシートでまとめられたもの。

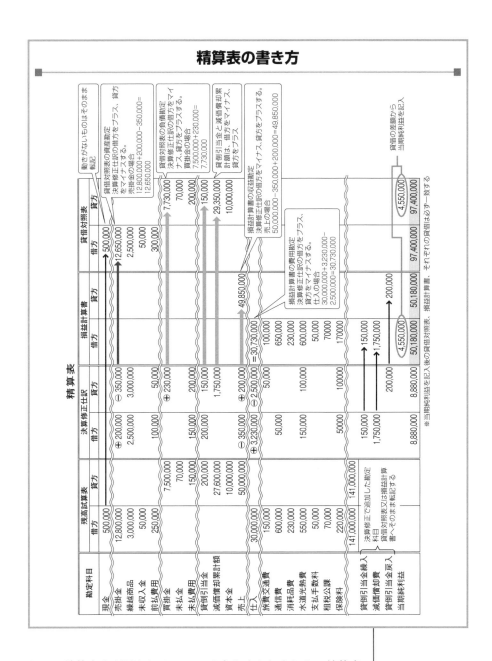

精算表の書き方

精算表

勘定科目	残高試算表 借方	残高試算表 貸方	決算修正仕訳 借方	決算修正仕訳 貸方	損益計算書 借方	損益計算書 貸方	貸借対照表 借方	貸借対照表 貸方
現金	500,000						500,000	
売掛金	12,800,000		⊕200,000	⊖350,000			12,650,000	
繰越商品	3,000,000		2,500,000	3,000,000			2,500,000	
未収入金	50,000						50,000	
前払費用	250,000		100,000	50,000			300,000	
買掛金		7,500,000		⊕230,000				7,730,000
未払金		70,000						70,000
未払費用		150,000	150,000	200,000				200,000
貸倒引当金		200,000	200,000	150,000				150,000
減価償却累計額		27,600,000		1,750,000				29,350,000
資本金		10,000,000						10,000,000
売上		50,000,000	⊖350,000 ⊕200,000	⊕2,500,000		49,850,000		
仕入	30,000,000		⊕3,230,000	⊖2,500,000	=30,730,000			
旅費交通費	150,000		50,000		100,000			
通信費	600,000				650,000			
消耗品費	230,000				230,000			
水道光熱費	550,000		150,000		600,000			
支払手数料	50,000				50,000			
租税公課	70,000				70,000			
保険料	220,000			100,000	170,000			
	141,000,000	141,000,000						
貸倒引当金繰入			150,000		150,000			
減価償却費			1,750,000		1,750,000			
貸倒引当金戻入				200,000		200,000		
当期純利益					4,550,000			4,550,000
			8,880,000	8,880,000	50,180,000	50,180,000	97,400,000	97,400,000

※当期純利益を記入後の貸借対照表、損益計算書、それぞれの貸借は必ず一致する

動きがないものはそのまま転記

貸倒対照表の資産勘定
決算修正仕訳の借方をプラス、貸方
をマイナスする。
売掛金の場合
12,800,000+200,000−350,000=
12,650,000

貸借対照表の負債勘定
決算修正仕訳の借方をマイ
ナス、貸方をプラスする。
買掛金の場合
7,500,000+230,000=
7,730,000

貸倒引当金と減価償却累計
計額は、借方をマイナス、
貸方をプラス

損益計算書の収益勘定
決算修正仕訳の借方をマイナス、貸方をプラスする。
売上の場合
50,000,000−350,000+200,000=49,850,000

損益計算書の費用勘定
決算修正仕訳の借方をプラス、
貸方をマイナスする。
仕入の場合
30,000,000+3,230,000−
2,500,000=30,730,000

貸方の差額から
当期純利益を記入

決算修正で追加した勘定
科目は損益計算
書・そのまま転記する／貸借対照表は

おいて精算表を利用されるケースは少なくなりました。精算表
については、参考程度という理解でよいでしょう。

PART4 7 決算書の作成

経理ができなくても会計はわかる

■ 決算と経理の関係

　決算とは、一定期間に会社が行った取引を整理し、会社の経営成績および財政状態を明らかにするための手続きのことです。この決算を行うためには、経理業務が必要になります。

　経理とは、会社の行った取引を記録することです。経理の目的は、会社の儲けや財政状態などを把握することにあります。このことで、会社内部の経営者や管理者は会社の経営状態を知り、今後の経営戦略を決定します。また、経理が作成した情報は外部に報告する必要があります。この報告書が決算書です。

■ 経理と会計は違う

経理と会計の違い

経理と会計の違いについては、さまざまな考え方がある。たとえば決算書作成の過程を経理、これを決算書にしていくことを会計と呼ぶ場合や、会計を含むすべてを経理と呼ぶ場合もある。

　複式簿記では、一つひとつのお金の動きを、仕訳によりもれなく拾っていきます。このときに経理担当者が判断して、売上、備品代というように内容のわかる名目（勘定科目）をつけて「仕訳」をしていきます。仕訳された後は、帳簿や試算表、その他の各種帳票として社内で決められた方法で整理されます。このように、複式簿記のスキルなどを用いてお金の動きを伝票や帳簿類に記録、整理することが「経理」です。一方、決算書を読めるようになるために必要なのは「会計」の知識です。会計とは、経理により整理された会社の状況を、会社外部の人が見てもわかるような形にするための一定のルールです。

　では、仕訳はどのように決算に結びついていくのでしょうか。決算書類の貸借対照表や損益計算書は、「資産」「負債」「純資産」「収益」「費用」の5つの要素によって構成されています。すべて

経理と会計の違い

経 理

| 仕訳伝票 | 総勘定元帳 | 試算表 |

その他
社内管理用の
各種帳票類

会 計

決算書
貸借対照表
損益計算書
など

会社内部で管理するために作成 ⟷ **外部に公表するために作成**

※上図は、お金の動きを伝票や帳簿類に記録・整理することを「経理」とし、経理により整理された会社の状況を会社外部の人が見てもわかるような形にするための一定のルールを「会計」として扱っている

の取引は、2つ以上の勘定科目を使って借方と貸方に仕訳しなければなりません。勘定科目は、「資産」「負債」「純資産」「収益」「費用」の5つの要素のどれかに仕訳されます（代表的な勘定科目については123、125ページ参照）。

■ 事業年度ごとに損益を判断する

　会社は、半永久的に営業活動を行うことを前提として存在しています。企業が儲かったか損をしたかは、最終的には、その企業が事業をやめる時までわからないわけです。ただ、これでは経営者も、会社の経営が順調なのか危険な状態なのかわかりません。投資家も、投資の判断ができません。

　このような弊害があるため、一定の期間を人為的に区切って、期間ごとに損益の計算を行うことになっています。この一定の期間を会計期間または事業年度といい、通常その期間は1年ごとに区切られています。

ゴーイング・コンサーン

企業活動は半永久的に継続することが前提となっている。企業はその存続をかけ、同業他社と日々競争しながら活動を続けている。このような企業を継続企業（ゴーイング・コンサーン）という。

全体損益計算

会社の設立から解散までの、全存続期間を1つの会計期間とみなして損益を求める場合もある。これを全体損益計算という。

貸借対照表の見方

左側に財産、右側に資金源が表示されている

■ 貸借対照表は一定時点の財政状態を表示する

　貸借対照表は、財政状態を表わしている表です。財政状態は月末時点、決算日時点など、時間を一点に止めた状態で表わされます。決算書を「読める」ようになるための第1段階として、決算書というものに慣れるところから始めてみましょう。ここでは、貸借対照表の様式と内容を見ていきましょう。

① タイトル・日付

　貸借対照表というタイトルを一番上に表記し、次に、いつ時点の財政状態を表わす表であるかを明らかにします。たとえば「令和2年3月31日現在」というように表記します。

② 資産の部・負債の部・純資産の部

　貸借対照表は、「資産の部」「負債の部」「純資産の部」の3つの部分で構成されています。資産、負債、純資産ともにそれぞれの一番下の部分に、「資産合計」「負債合計」「純資産合計」と合計額が表示されています。この合計金額から見ていくと、その会社の特徴が見えてくることがあります。たとえば資産合計5億円、負債合計1億円、純資産合計4億円の会社があるとします。まず、「この会社は、全部で5億円分の何らかの資産を持っている」ということは貸借対照表を見ればすぐにわかると思います。次に「負債が1億に対して純資産が4億円ということは、借金より自己資本の方が多い会社である」など、大まかな会社の特徴が見えてくるはずです。

評価・換算差額等
会社が株式などの有価証券を売買目的以外の理由で保有しており、時間が経過したことで保有する有価証券の時価が変動した場合に計上される、購入時点の価格と現時点での市場価格との差額（次ページ図参照）。

貸借対照表の構成と記載内容

貸借対照表
令和2年3月31日現在　　　　　　（単位:円）

資産の部	負債の部
Ⅰ　流動資産	Ⅰ　流動負債
流動資産合計	流動負債合計
Ⅱ　固定資産	Ⅱ　固定負債
1　有形固定資産	固定負債合計
有形固定資産合計	負債合計
2　無形固定資産	純資産の部
無形固定資産合計	Ⅰ　株主資本
	1　資本金
3　投資その他の資産	
投資その他の資産合計	2　資本剰余金
固定資産合計	資本剰余金合計
	3　利益剰余金
Ⅲ　繰延資産	利益剰余金合計
繰延資産合計	株主資本合計
	Ⅱ　評価・換算差額等
	その他有価証券評価差額金
	評価・換算差額等合計
	Ⅲ　新株予約権
	純資産合計
資産合計	負債・純資産合計

■「資産の部」「負債の部」「純資産の部」とは

　左が資産、右上が負債、右下が純資産と、書類の型式を大まかでいいので頭に入れておきます。

　まず、左側の「資産の部」は会社の調達した資金の使い途を表わしています。この「資産の部」の合計は、「総資産」とも呼びます。次に、右側の「負債の部」と「純資産の部」は資金をどこから調達したかを表わしています。会社を運営する資金を、金融機関など他人から調達した資金（負債）と、株式の発行により調達した資金（純資産）に分けて表示をしています。そして、「資産の部」は、「負債の部」と「純資産の部」の合計と常に等しくなります。貸借対照表は、上図のような構成になります。

新株予約権

会社が発行する新株式を、あらかじめ定めた価格で購入することができる権利のこと。
会社役員・従業員が所属する会社の株式を前もって定められた価格で購入することができる新株予約権を「ストック・オプション」という。

貸借対照表の読み方

左右に何が書いてあるかを理解して読んでいく

■ 貸借対照表から資金の調達源泉と運用形態がわかる

　貸借対照表の「資産の部」は、「負債の部」と「純資産の部」の合計と常に等しく、バランスがとれることから、貸借対照表は英語でBalance Sheet（バランス・シート）またはB/S（ビーエス）と呼ばれます。財政状態とは、企業がどのように資金を集めて、その集めた資金をどのような資産へと投下しているのかという資金の調達源泉とその運用形態の関係のことをいいます。

　貸借対照表では、お金が入るときは左側の借方、出ていくときは右側の貸方に表示します。つまりお金は左から入って右へ出るイメージです。

　左側に記載される内容として、まず、入ってきた現金があります。その下にはその現金で買った物や、将来現金が入ってくる予定となる資産が並びます。一方、右側にはお金を調達した原因や理由が並びます。つまり、現金や現金から形を変えた物など、現存するものはすべて左側に表示されていることになります。

■ 左側の「資産の部」のイメージをつかもう

　「資産の部」は、会社が保有する資産の一覧表です。つまり現金そのものか、将来現金へと変わるもの、現金を使って購入したものの集まりということになります。資産の中には将来現金に変わるものと、変わらないものとがあります。たとえば手形や売掛金、運用目的の証券などは近いうちに現金に変わる可能性のある資産です。このような資産を貨幣性資産といいます。

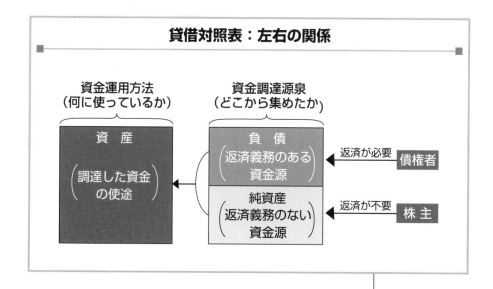

貸借対照表：左右の関係

資金運用方法
（何に使っているか）

資金調達源泉
（どこから集めたか）

資 産

（調達した資金
の使途）

負 債
（返済義務のある）
資金源

返済が必要 → 債権者

純資産
（返済義務のない）
資金源

返済が不要 → 株 主

一方、たとえば流動資産の一つである前払費用は、現金化されることなく将来費用に振り替わるものであったり、固定資産の一つである建物は、会社が売却などを行わない限り基本的には減価償却により費用計上されるものであるため、現金化されることはありません。このような資産を費用性資産といいます。費用性資産は、それ自体により現金化されることはありませんが、これらの費用性資産が費用に振り替わる一方で、売上などの収益獲得により最終的に現金や貨幣性資産という別の資産によって回収されることになり、その結果収益－費用＝利益という儲けが生まれるということになります。

　「資産の部」では、これらの資産について、貨幣性資産に関しては現金化しやすいものから、費用性資産に関しては早期に費用化しやすいものから順に上から表示されています。具体的には、流動資産、固定資産、繰延資産の順で配列されます。固定資産については、さらに有形固定資産、無形固定資産、投資その他の資産の３つに細分化されることになります。

有形固定資産

実体のある資産で、長期にわたり事業の用に使用する目的で保有する資産。建物、機械装置、車両運搬具、土地など。

無形固定資産

ソフトウェアなどの具体的な形がない資産のこと。

投資その他の資産

固定資産のうち、企業の経営支配、取引関係の維持などを目的として保有する資産。たとえば、投資有価証券、出資金、長期貸付金など。

■ 右側のイメージをつかもう

　貸借対照表の右側は資金の調達源泉を表わします。つまり、お金が入ってきた原因や、将来お金を支払う理由が表示されているといえます。たとえば資本金として株主からお金を調達した、買掛金や未払金として将来支払うべき金額があるなどの理由です。

　表示としては「負債の部」と「純資産の部」の大きく2つに区分され、負債を他人資本、純資産を自己資本ともいいます。これは、お金を「誰から」入手したのかということを意味します。他人資本ということは、他人から入手したお金です。いずれは返済しなければなりません。一方、自己資本は、言葉通り会社自身のお金です。返済する必要はありません。

① 「負債の部」の内容

　他人資本である負債についても、返済期日が迫っているものと当分返さなくてよいものがあります。「負債の部」では、返済期日の早いものから順に表示されています。

　「負債の部」についても、「資産の部」と同様にグループ分けされています。前述の流動資産と固定資産に区分したのと同様の基準によって、返済期限が1年以内のものを「流動負債」、1年超のものを「固定負債」として区分しています。

　負債として記載された金額は、後日決められた期日までに返済しなければなりませんので、負債が減少するということは現金などの財産が減少することを意味します。したがって、負債はマイナスの財産ということになります。

② 「純資産の部」の内容

　「純資産の部」については、項目が少ないためそのまま上から順に見ていってもよいかもしれません。

　「純資産の部」は、株主が出資した金額である資本と、今までの営業活動によって獲得した利益で構成されています。「純資産の部」に記載される事項として、資本金、資本剰余金、利

負債と純資産のバランス

安全な会社

| 資 産 | 負 債 |
| | 純資産 |

危険な会社

| 資 産 | 負 債 |
| | 純資産 |

負債と純資産のバランスは会社の財政状態を見る
重要な視点となる

ポイント

会社のもっている資産を負債で賄っているか、純資産で
調達しているか、そのバランスが大切

益剰余金があります。資本金とは、株主が出資したお金、つま
り会社の設立や増資による新株発行に対して、株主が払い込ん
だ金額のことです。資本剰余金とは、株主が払い込んだお金の
うち資本金に組み入れられなかった部分をいいます。利益剰余
金とは、内部に蓄積された利益部分です。

■ 貸借対照表からわかること

貸借対照表は、資産・負債・純資産を1つの表にまとめます
から、資産の状態は良好か、負債は多すぎないのか、純資産は
十分かを知ることができます。会社にとっては、プラスの財産
である資産が多いほどよく、マイナスの財産である負債は少な
いほどよいといえます。

一方、資産よりも負債の方が大きく結果的に純資産がマイナ
スとなっている状態を債務超過といいます。このように、貸借
対照表を見ることで、その企業が優良企業か倒産寸前の企業か
を見分けるヒントを得ることができます。

資本剰余金

資本金に組み入れられ
なかった部分である
「資本準備金」の他、
資本金・資本準備金の
取り崩しや自己株式売
却損益が発生した場合
などに計上される「そ
の他資本剰余金」から
構成される。

利益剰余金

会社法により一定額内
部留保することが強制
されている「利益準備
金」、特定の使途のた
めに会社が任意に積み
立てる「任意積立金」、
過去からの累積された
利益のうち、配当され
ずにまた上記のような
留保も積み立てもなく
残った額である「繰越
利益剰余金」から構成
される。

損益計算書の見方

損益計算書は利益の最終結果よりプロセスを重視する

P/L

損益計算書は、英語で
Profit and loss
statement、一般的
にはP/L（ピーエル）
と呼ばれている。

タイトル・期間

たとえば令和2年4月
1日から翌年3月31日
までの1年間であれ
ば、「自令和2年4月
1日 至令和3年3月
31日」と表記する。

■ 損益計算書の様式と内容はどうなっているのか

　損益計算書は、収益から費用を差し引くことによって、儲け
または損を計算する表です。商品を売り上げた代金や銀行にお
金を預けた場合にもらえる利息などが収益に該当します。費用
とは、簡単にいえば、収益を得るために必要なコストのことで
す。では損益計算書の様式と内容を具体的に見てみましょう。

① タイトル・期間

　損益計算書というタイトルを一番上に表記し、次に、いつか
らいつまでの期間の損益計算であるかを明らかにします。

② 売上・売上原価・売上純利益（損失）

　最も重要な売上高が一番上に表示されます。次に売上に直接
かかった費用である原価（売上原価）が表示されます。売上総
利益は売上高から売上原価を差し引いた残額です。マイナスの
場合は損失となります。

③ 販売費及び一般管理費

　会社を運営していくのに必要な従業員給与、事務所家賃、消
耗品代などの必要経費とその合計額が表示されます。

④ 営業利益（損失）

　②売上総利益から③販売費及び一般管理費を差し引いた後の
利益（マイナスの場合損失）です。

⑤ 営業外収益・営業外費用

　預金利息や有価証券の売買で得た利益など、本業以外の副収
入的な性質の収益を営業外収益といいます。同様に借入金利息
など、本業以外の取引にかかった費用を営業外費用といいます。

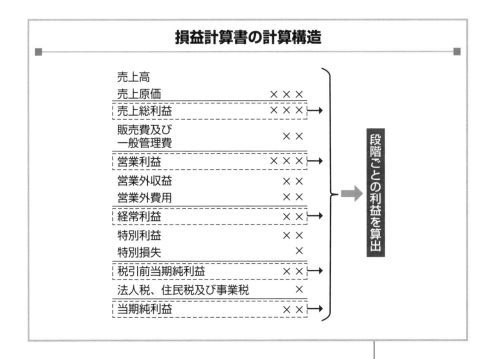

損益計算書の計算構造

売上高	
売上原価	×××→
売上総利益	×××→
販売費及び 一般管理費	××
営業利益	×××→
営業外収益	××
営業外費用	××
経常利益	××→
特別利益	××
特別損失	×
税引前当期純利益	××→
法人税、住民税及び事業税	×
当期純利益	××→

段階ごとの利益を算出

⑥ **経常利益（損失）**

④営業利益に営業外収益を加えて営業外費用を差し引いた利益（マイナスの場合損失）です。一般的に、その会社の経営が健全かどうか、注目頻度の高い利益です。

⑦ **特別利益・特別損失**

土地の売却損益のような、臨時的な収益や損失をいいます。

⑧ **税引前当期純利益（損失）・法人税、住民税及び事業税・**
　 当期純利益（損失）

⑥経常利益から⑦の特別利益、特別損失をプラスマイナスして、当期の利益（損失）の額を算出します。ただし会社の儲けには税金が課されますので、税額を計算する前の利益は「税引前当期利益（損失)」といいます。これに対してかかる税金は「法人税、住民税及び地方税」という表示をします。税引後の利益が最終的な「当期純利益（損失)」となります。

損益計算書の読み方

損益計算書では利益計算のプロセスを明らかにしている

■ 損益計算書をどのように見ていけばよいのか

たとえば本業が大幅な赤字で、本業以外の資産（土地や建物など）の売却益などで利益を出している会社は、通常は健全とはいえないでしょう。損益計算書で大切なのは、当期純利益の金額そのものだけではなく、その当期純利益が導き出されたプロセスを表わすことです。

損益計算書では、収益と費用をひとまとめにしていきなり当期純利益を計算せず、段階ごとに利益（損失）を計算するようにしています。この結果を分析することによって、経営陣は、売上向上策やコスト削減策などの経営政策を打ち出して、会社経営をうまく舵取りすることができるわけです。

■ 収益・費用・利益の関係

損益計算書は、経営成績、つまり収益と費用を対応させて記載し、それらの差額としての期間損益を報告するための計算書です。収益から費用を差し引いたものが利益と表現され、この関係が損益計算書の基本となっています。

これを計算式で表わすと次のようになります。

収益 － 費用 ＝ 利益

上の計算式における収益、費用、利益は、企業活動の種類によって、①営業活動、②財務活動、③臨時的・特別な活動の3つの段階に分けて表現されています。さらに税金（法人税、住民税、事業税）を差し引いて「当期純利益」という1年間の最終利益を表示します。

収益の例

具体的には、売上、受取利息、受取配当金、有価証券利息、雑収入などが該当する。

費用の例

商品を売って儲けようとすれば、まず何といっても商品を仕入れなければならない。この仕入代金が売上高に対するコストである売上原価になる。
その他、広告宣伝費、従業員への給料、家賃、電気代や水道代なども必要になるため、すべて収益を得るための費用（コスト）になる。

損益計算書の概要

売上高	×××	
売上原価	×××	
売上総利益	×××	粗　利
販売費及び一般管理費	×××	
営業利益	×××	本業の利益
営業外収益	×××	
営業外費用	×××	
経常利益	×××	コンスタントな利益
特別利益	×××	
特別損失	×××	
税引前当期純利益	×××	経営活動の成果である利益
法人税、住民税及び事業税	×××	
当期純利益	×××	最終利益

　このように損益計算書は、企業活動の種類によって得られた利益を段階的に表わしています。そうすることによって、損益計算書を読む人が、その会社がいくら儲けているのか、ということだけではなく、何によって利益、あるいは損失を出しているのか、といったより詳細な情報を読み取ることができます。

■ 各段階の利益の種類と内容

　損益計算書を見ると、売上総利益、営業利益、経常利益、税引前当期純利益、当期純利益など、「利益」と名のつく項目がいろいろあることがわかります。これは収益と費用をその内容に応じて段階的に区分して、対応表示しているということです。

　まず、売上総利益ですが、売上総利益とは、当期中に売り上げた商品の売上高から売上原価を差し引いたものです。

　売上原価とは、仕入にかかった費用のことですから、売上総

利益は粗利益のことです。

次に、売上総利益から販売費及び一般管理費を差し引いたものが営業利益です。営業利益は、企業本来の主たる営業活動の成果を示しています。

また、企業本来の営業活動とは違いますが、受取利息や支払利息などの営業外収益や営業外費用は、毎期経常的に発生します。営業利益から営業外収益・費用をプラスマイナスしたものが経常利益です。経常利益とは、企業が普段行っている継続的な活動から得られる利益ということになります。

さらに、税引前当期純利益ですが、これは、経常利益から臨時的な損益である特別利益や特別損失をプラスマイナスした利益です。特別損益とは、たとえば、災害損失や固定資産売却損益など、臨時的に発生した損益をいいます。

固定資産売却損益
土地、建物などの固定資産の売却による損益。

災害も経常的に発生するものではありませんし、土地や建物などの固定資産の売却も通常行われるものではありません。つまり税引前当期純利益とは、企業のすべての収益および費用をプラスマイナスすることによって計算された純粋な当期の企業の経営活動の成果を表わしている利益ということになります。

最後に当期純利益とは、税引前当期純利益から「法人税、住民税及び事業税」を引いた利益です。つまり企業の最終的な利益ということになります。

■ 各段階の費用の種類と内容

費用も収益と同じように、損益計算書上、発生原因別に区分して表示しています。具体的には、売上原価、販売費及び一般管理費、営業外費用、特別損失があります。

まず、売上原価とは、簡単にいえば、一般の小売業であれば商品の仕入にかかった費用のことです。販売活動の過程には「在庫」、つまり売れ残る商品が必ず存在しますから、正確には、「実際に売れた商品に対する仕入に要した費用」ということに

販売費と一般管理費の違いとは

販売費って何?

- 広告費用
- 営業社員の人件費
- 配送のための費用

売上をあげるために販売費は使われる

販売のために直接必要な費用

一般管理費って何?

- 総務、経理の人件費
- 事務用の消耗品

売上がのびなくても一般管理費は必要だ

製造、販売と直接関係のない費用

なります。

　次に、販売費及び一般管理費とは、企業本来の営業活動である、商品や製品などの販売業務において発生した費用や本社の一般管理業務において発生した費用のことです。販売費及び一般管理費には多くの経費が含まれており、たとえば従業員の給与手当や役員報酬、営業にかかる旅費・交通費や通信費、消耗品費、交際接待費、その他の管理費などが該当します。

　企業の投資活動や財務活動など、営業活動以外で発生する営業外費用をマイナスして求めた利益を、経常利益といいます。営業外費用とは、企業の主たる営業活動（本業）以外の企業の投資活動や財務活動などによって生じた費用のうち、毎期繰り返し発生するものをいいます。具体的には、支払利息、手形売却損、社債利息などが該当します。

　経常利益から差し引かれる費用を特別損失といいます。特別損失とは、経営活動によって生じた損失のうち、臨時的に発生した損失のことです。具体的には、特別損失には、土地や建物などの固定資産売却などによる売却損や災害などによる損失などが該当します。

貸借対照表の勘定科目

取引ごとに名称をつけてお金の使い途を明確にする

■ 資産・負債・純資産の勘定科目

資産・負債・純資産の3つの大きなカテゴリーの中に設定される勘定科目について見ていきましょう。勘定科目は、会社自身の事業形態に応じたものを自由につけることができます。しかしあまり細かく分けてしまうとわかりにくいので、一目でわかるようなシンプルな名称の方がよいでしょう。資産・負債・純資産の主な勘定科目には以下のものがあります。

・資産の「勘定科目」

主な勘定科目としては、現金や当座預金、普通預金などお金そのものを表わすものや、受取手形（一定の期間経過後に支払人を通じて代金を受け取れる約束をした書状）、売掛金などのいわゆる売上債権、未収入金（本業以外で発生した債権）、貸付金（貸しているお金）、商品（在庫）などがあります。また、事業のために購入した土地、建物、車両運搬具、備品なども資産となります。なお、出資金や有価証券なども資産となります。

・負債の「勘定科目」

主な負債の勘定科目としては、支払手形（一定の期間経過後に支払人を通じて代金を支払う約束をした書状）や買掛金（商品仕入れなどの本業の取引によって発生した債務）のような仕入債務や借入金の他、未払金（本業以外で発生した債務）、預り金（預っているが、後で支払うお金）などがあります。

・純資産の「勘定科目」

株主からの出資金額を表わす勘定科目として、資本金、資本剰余金などがあります。利益の蓄積は利益剰余金という勘定科

資産・負債・純資産の主な勘定科目とその内容

資産の勘定科目	
現金	通貨、通貨代用証券
預金	預金、貯金（郵便局）
受取手形	通常の営業取引により受け入れた手形
売掛金	商品、製品、半製品などの未収の販売代金・請負工事の未収代金など
商品	販売目的で外部から仕入れた物品など
短期貸付金	得意先、仕入先、関係会社、従業員などに対する貸付金
未収入金	固定資産、有価証券などの売却代金の未収額
建物	事業用の店舗、倉庫、事務所等の建物
車両運搬具	営業用の鉄道車両、自動車その他の陸上運搬具

負債の勘定科目	
支払手形	営業上の買掛債務の支払いのために振出した約束手形や引き受けた為替手形
買掛金	原材料や商品の購入により生じた仕入先に対する債務
短期借入金	銀行から借り入れた設備資金、運転資金、個人からの借入金、取引先、親会社からの借入金などで、決算日から1年以内に返済予定のもの
未払金	買掛金以外の債務で、固定資産の購入代金や有価証券の購入代金などの未払額
長期借入金	返済期限が決算日から1年超の借入金

純資産の勘定科目	
資本金	会社設立時の出資金や増資払込などのこと
資本剰余金	資本取引から生じた株式払込剰余金などのこと
利益剰余金	内部留保した利益のこと
自己株式	自社の株式

目で表わします。また、少し難しい話になりますが、会社の株式を自ら買い戻す場合があります。その場合、自己株式という勘定科目を用いて純資産の一部にマイナス表示することになっています。

損益計算書の勘定科目

一般的には多くの会社が、共通した勘定科目を採用している

■ 収益・費用の勘定科目

損益計算書の主な勘定科目には以下のものがあります。

・収益の勘定項目

売上（本業による収入）、受取利息（銀行預金から発生する収入）、受取配当金（保有する株式から発生する収入）、雑収入（本業以外で発生した収入）などが挙げられます。つまり、事業活動による収入の項目になります。

・費用の勘定科目

費用に該当する主な勘定科目としては、仕入、給料、通信費、交通費、水道光熱費、旅費交通費、租税公課、支払利息などが挙げられます。費用の勘定科目はとくに種類が多く、会社の業態によってその内容は大きく異なります。

たとえば製造業の場合、原材料や燃料費などがありますし、サービス業の場合には仕入がありません。取引の発生に応じて、たとえば宣伝広告費、研究開発費、消耗品費、交際費というように任意で勘定科目を設定することになります。

旅費交通費は、社員が仕事で使った移動のためのすべての費用を指します。交通機関の違いは関係ありません。

広告宣伝費は、会社の広報のために使った費用です。媒体の違いは関係ありません。

会議費は、会社の中で行う会議の費用の他、取引先との商談で使用した費用も入ります。

租税公課は、税金のことです。会社にかかる税金のうち、法人税、住民税、事業税以外のものについては、基本的に租税公

損益計算書の主な勘定科目とその内容

収益の勘定科目	
売上	物品の販売やサービスの提供によって生じた利益
受取利息	金融機関の預貯金利息、国債、社債などの有価証券利息など
受取配当金	株式、出資、投資信託等に対する配当金の収入

費用の勘定科目	
仕入	販売用の物品等の購入代金
役員報酬	取締役、監査役に対する報酬
従業員給与	従業員に対する給料、賃金、各種手当
旅費交通費	通勤や業務遂行に必要な出張旅費など
福利厚生費	従業員やその親族の慶弔見舞金（結婚祝い、香典など）
広告宣伝費	新聞や雑誌、テレビ、インターネットなどの媒体を利用した広告代や、チラシ・パンフレットの製作費用など
支払手数料	銀行の振込手数料、売買契約の仲介手数料、税理士や公認会計士などへの顧問料など
接待交際費	取引先など事業に関係のある者に対する接待、慰安、贈答などのために支出される費用
会議費	会議用の茶菓、弁当、会場使用料
通信費	切手、はがき、電話、ファックス費用など
消耗品費	事務用品などの物品の消耗によって発生する費用
水道光熱費	水道料、ガス料、電気代など
地代家賃	建物、事務所、土地の賃借に要する費用
租税公課	印紙税、登録免許税、不動産取得税、自動車税、固定資産税など
減価償却費	建物や車両運搬具など固定資産の取得価額を費用化したもの
支払利息	金融機関からの借入金利息、他の会社からの借入金利息など

課として計上されます。

　地代・家賃は、土地や事務所などを借りる費用です。駐車場なども土地を借りるわけですから、地代の勘定項目に入ります。交際費は、取引先への接待や、贈り物といった費用です。

　一般的には多くの会社が、共通した勘定科目を採用しているといえます。

株主資本等変動計算書

純資産の増減額を表示する書類である

S/S

株主資本等変動計算書は英語Statements of Shareholders' Equity、または略称でS/Sと呼ばれる。

書類の形式

各項目を上から縦に列挙する「縦形式」と、「純資産の部」の各項目、増減金額と変動事由を縦横に表形式で表わす「横形式」との2種類がある。

■ 株主資本等変動計算書とは

株主資本等変動計算書は、貸借対照表の「純資産の部」の一会計期間における変動額を表わす書類です。

貸借対照表の「純資産の部」の項目を並べ、それぞれの前期末残高、当期変動額と変動事由、当期末残高を記載します。当期変動額は、変動事由ごとにプラスの要因とマイナスの要因との両方がそれぞれ「総額」で表示され、前期末±当期変動額と当期末残高が一致するようなしくみになっています。

「純資産の部」が変動する代表的な要因には、「新株の発行」「自己株式の取得又は処分」「剰余金の配当」「剰余金から準備金や積立金への積立」「当期純利益の発生による剰余金の増加」などがあります。また、「純資産の部」には資本金や剰余金などに属する「株主資本」の他に、会社によっては「評価・換算差額等」「新株予約権」という項目があります。評価・換算差額等とは、投資有価証券や為替の含み損益などによる差額をいい、損益計算書ではなく「純資産の部」で直接計上します。新株予約権とは、将来株式を割り当てる権利のことです。

このように、「純資産の部」については変動する要因が多様化しており、貸借対照表や損益計算書だけでは説明しきれないというのが、株主資本等変動計算書が財務諸表として必要とされる理由です。

■ 剰余金の配当

株式会社は、儲けた利益を株主に還元するため、配当を行い

株主資本等変動計算書（横形式）

	資本金	繰越利益剰余金	利益剰余金合計	株主資本合計	純資産合計
当期首残高	1,000	500	500	1,500	1,500
当期変動額					
新株の発行	300			300	300
剰余金の配当		△100	△100	△100	△100
当期純利益		250	250	250	250
当期変動額合計	300	150	150	450	450
当期末残高	1,300	650	650	1,950	1,950

ます。一般投資家が財務諸表を読む場合、会社が配当をどれだけ支払うのかということも関心事のひとつだといえます。配当とは利益の分配であり、会計期間中に獲得した利益がその原資となります。会計期間中に獲得した利益は「繰越利益剰余金」として、いったん「純資産の部」に集められます。この剰余金から株主へ分配されるため、剰余金の配当といいます。

剰余金の配当は、原則的には決算後の株主総会で決議され、株主への支払は翌年度中に行われます。例外として、取締役会の決議により中間配当や、その他何度でも配当を行うことのできる場合もあります。株主資本等変動計算書に記載される「剰余金の配当」の金額とは、その会計期間中に「実際に株主へ支払われた金額」です。つまり、前会計期間の決算で決定された額や、中間配当などの額が記載されているということです。当期の剰余金の配当額が決定している場合は、「注記」として、欄外に記載されます。このように株主資本等変動計算書は、利益の使い途を明らかにする書類でもあります。

同族会社の配当

中小企業の場合、配当を行わない会社の方が多い。中小企業では社長自身やその親族が株主となっているケースが多く、このような会社を同族会社という。同族会社が配当に積極的ではない理由は、配当は経費にならず、お金が出ていくだけで節税にならないこと、また、株主は配当として還元されることより、むしろ会社そのものの成長に期待して出資しているからだといえる。

キャッシュ・フロー計算書

・・・
「純資産の部」の変動や現金の変動に着目した計算書
もある

■ キャッシュ・フロー計算書とは

　お金の流れのことをキャッシュ・フローといいます。キャッシュ・フロー計算書とは、企業が事業活動を通じて、どれだけの資金を獲得し、このうちどれだけを投資活動に振り分け、また、借入によりどれだけ資金を調達し、または返済したかなどを表わす決算書です（巻末215ページ参照）。

　貸借対照表は、会社の財政状態を明らかにする決算書であり、損益計算書は会社の経営成績を明らかにする決算書ですが、資金がどれだけ入ってきて、どれだけ資金が出ていったかという「資金の流れ」についての情報は提供できていません。そこでキャッシュ・フロー計算書が必要となります。

C/F

キャッシュ・フロー計算書は略称でC/Fともいい、上場企業などが、有価証券報告書として提出が必要な書類である。

■ BLやPLから読みとれないリスクがつかめる

　BSとPLがあれば、財産、借金、儲けた利益がわかるので十分だと考えるかもしれません。しかし、BSで現預金の残高はわかりますが、本業で現金を稼ぎ出しているかどうか、つまり手堅く健全な経営をしているのかどうかまではわかりません。

　また、PLに表示される利益は、実際の現金の増減とは比例しない場合があります。たとえば商品を販売してから代金が回収されるまでの期間が非常に長い会社では、売掛金や受取手形など「お金をもらう権利」である債権は保有しているものの、実際の手元の資金は減少してしまっている、というケースもあり得ます。儲けを出しているにもかかわらず倒産してしまう、黒字倒産ということもあり得るわけです。このように、潜在し

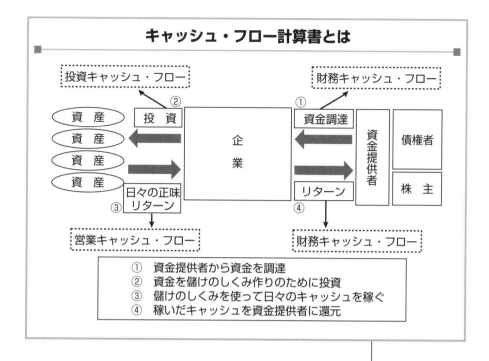

キャッシュ・フロー計算書とは

投資キャッシュ・フロー

財務キャッシュ・フロー

② 投　資

① 資金調達

資　産
資　産
資　産
資　産

企　業

資金提供者

債権者

株　主

③ 日々の正味リターン

④ リターン

営業キャッシュ・フロー

財務キャッシュ・フロー

① 資金提供者から資金を調達
② 資金を儲けのしくみ作りのために投資
③ 儲けのしくみを使って日々のキャッシュを稼ぐ
④ 稼いだキャッシュを資金提供者に還元

ているリスクから利害関係者を守るためにも、キャッシュ・フロー決算書は重要な書類のひとつだといえます。

　キャッシュ・フロー計算書には、年度中のお金の動きとその増減理由が表示されます。増減理由は、①営業活動、②投資活動、③財務活動と大きく３つに分類されます。項目ごとにお金が増えた場合はプラス、減った場合はマイナス「△」で表示されます。①営業活動によるキャッシュ・フローは、本業である商売によって実際に稼ぎ出したお金です。②投資活動によるキャッシュ・フローは、機械の購入、有価証券などへの投資によるお金です。③財務活動によるキャッシュ・フローは、借金、借金の返済、増資、配当金の支払などです。一般的に、ⓐ営業活動がプラスであり、ⓑ投資活動がマイナスであれば、健全な経営で設備投資にも積極的ということなので、優良な会社であるといわれています。

**非上場の
中小企業とC/F**

非上場の中小企業などはキャッシュ・フロー計算書の作成義務はない。しかし手元資金の増減を分析することは、自社の資金繰りを管理するためにも非常に有効だといえる。

連結決算書

企業グループを１つの会社とみなして作成した決算書である

■ 連結決算書とは

連結決算とは、子会社、孫会社、関連会社など、グループ企業を１つの会社とみなし、損益計算書や貸借対照表などの決算書を作成することをいいます。連結決算において作成された決算書を連結決算書（連結財務諸表）といいます。グループ企業には、支配する側と支配される側が存在します。そして支配する側の会社を「親会社」、支配される側の会社を「連結子会社」といいます。

連結決算では、親会社と連結子会社の数値を合体させて、連結グループ間の取引を消去するなどの一定の連結調整を行って、決算書を作成します。

■ 連結決算の重要性

連結決算が必要なのは、投資家にとって企業単体の決算だけを見てもグループ全体の経営状況が把握できないからです。グループ企業間ではお互いの業績のために協力し合いながら取引を行う傾向があります。単体での売上が伸びていても、実はグループ間取引が増加しているだけで、外部との取引は減少しているということもあります。連結決算の場合、連結会社間の取引は取引とみなされません。売上高であればグループ企業以外の第三者に販売した時点で初めて売上が計上されるわけです。このように連結決算により、単体ごとの業績ではなくグループ会社全体の業績を知ることができます。

また、いくら親会社の単体の決算数値がよくても、傘下にあ

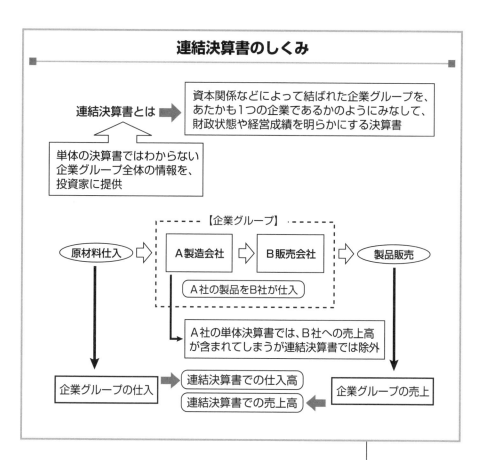

連結決算書のしくみ

連結決算書とは ➡ 資本関係などによって結ばれた企業グループを、あたかも1つの企業であるかのようにみなして、財政状態や経営成績を明らかにする決算書

単体の決算書ではわからない企業グループ全体の情報を、投資家に提供

【企業グループ】

原材料仕入 ⇨ A製造会社 ⇨ B販売会社 ⇨ 製品販売

A社の製品をB社が仕入

A社の単体決算書では、B社への売上高が含まれてしまうが連結決算書では除外

企業グループの仕入 ➡ 連結決算書での仕入高
連結決算書での売上高 ⬅ 企業グループの売上

る子会社の業績が悪いと、投資を行う側としては不安材料になります。たとえば親会社が債務保証を行っている場合では、子会社が倒産すると、負債を引き受けるというリスクを負っています。このように、会社の経営成績や財政状態は単体の数値だけでなくグループ企業全体の数値もなければ投資家は正しい判断ができないのです。

　連結決算が必要な会社とは、有価証券報告書の提出義務がある会社です。つまり、株式を市場に公開している上場企業などの大企業は、連結決算書の作成が義務付けられています。

Column

粉飾決算や帳簿操作

　会社は株主や債権者、投資家といった利害関係者に対し、決算報告をしなければなりません。少しでも良い数字で決算報告をしたいところが本音ではありますが、業績が伸び悩み、期待するような報告ができない場合があります。

　この場合、事実を隠そうとするあまり、意図的に不適切な会計処理を行う場合や、売上や利益を過大計上しまたは好業績を装うような決算報告をする行為は、虚偽報告にあたります。このような虚偽報告をした決算を「粉飾決算」といいます。主な粉飾決算の手口には、売上の架空計上や在庫計上額の操作、不正な資産評価、負債や費用の隠ぺいなどが挙げられます。なお、負債の存在を隠ぺいするために帳簿操作をする場合もあります。これは、会社の価値は利益だけで判断されるわけではなく、資産と負債のバランスも大きな判断指標となるために行われます。ただし、帳簿操作で隠ぺいしたとしても、仕入先や金融機関では債権計上がなされているために、不正が発覚される場合もあります。

　また、子会社が悪用される場合もあります。たとえば、子会社を連結対象から外して、押し込みを行って売上をかさ上げする場合や、負債の隠ぺいまたは親会社の負債を子会社に付け替える場合などがあります。この場合、連結対象から外した子会社の負債が膨れ上がるため、粉飾行為が発覚します。監査法人や公認会計士による会計監査などが行き届きづらい遠隔の海外の子会社自らが、架空売上や在庫の水増しを行うなどにより粉飾決算が行われる場合もあります。

　その他、最終利益に直結する費用の存在を隠ぺいし、粉飾する行為があります。本来は費用として計上すべき支出を固定資産として計上する場合や、翌期に費用計上を先延ばしする場合などです。

　これらの行為は、決算書を前期や前月分と比較をした場合、費用計上額あるいは資産計上額の異常性が突出することなどで発覚したりします。

PART 5

決算書分析

決算書の分析

· ·

会社の問題点を把握する

■ なぜ決算書を分析するのか

　財務諸表のさまざまな項目における数値を基に、比率などを用いて客観的に会社の現状を分析する手法を経営分析といいます。経営分析の目的は、経営分析の結果である比率などから、会社の問題点や強みを見つけだし、現在の経営状態を判断及び将来性を予想することにあります。

　経営分析によって、①会社の安定性、②会社の収益力、③会社の成長力、④会社の資金繰りなどを客観的に知ることができます。

　①の会社の安定性とは、会社が事業活動を継続していく力があるかどうか、つまり倒産の心配がないかどうかということです。②の会社の収益力とは、収益を獲得する力があるかどうかということです。儲けは営利企業としての根幹であるため、最も関心のある要素だといえます。③の会社の成長力とは、会社の規模を大きくする力があるかどうかということです。会社の規模が大きくなれば、新たな事業を始めることもできますし、より大きな収益を得ることもできます。④の会社の資金繰りとは、支払いや資金調達に滞りがないかどうかということです。資金繰りがうまくいっている会社は、安定しており、将来性もある会社だといえます。

■ 経営分析にも限界がある

　会社を分析する際には、その会社の事業内容も考慮に入れる必要があります。業種により、それぞれ数値にも異なる特徴が

経営分析をすることの重要性

一見儲かっているように見えても、分析してみると実は倒産寸前であった、などというケースも珍しくない。リスクを回避するためにも、所属している会社、取引や投資をしようとする会社などを多方面から分析することは大変重要である。

経営分析の基準と方法

会社の安定性を測る基準

・自己資本比率＝純資産 ÷ 総資本
・流動比率＝流動資産 ÷ 流動負債

会社の収益力を測る基準

・総資本利益率（ＲＯＡ）＝当期純利益 ÷ 総資本
・株主資本利益率（ＲＯＥ）＝当期純利益 ÷ 株主資本
・資本回転率＝売上高 ÷ 総資本

会社の成長力を測る基準

・売上高の成長率＝(当期の売上高－前期の売上高)÷ 前期の売上高
・数年分の利益を比較して営業利益の伸び率を把握

会社の資金繰りを測る基準

・売上債権回転期間（月数）＝(売掛金＋受取手形)÷(売上高 ÷12)

表れるからです。他社との比較により経営分析を行う場合、異業種の会社との比較では意味がない場合もありますので、注意が必要です。

　経営分析の手法によって会社のすべてを知ることができるわけではありません。たとえば、社員のやる気、モラル、経営者の人脈などの会計数値では評価されない定性情報は、決算書からは読み取ることができません。また、会計処理に誤りがあったり、意図的に会計数値を操作して粉飾決算が行われている場合には、適切な分析ができなくなる可能性があります。さらに、決算書は過去の数値に基づく業績の結果であるため、経営分析も一定の過去の分析であり、会社のタイムリーな情報を知ることはできません。

　この他、たとえば突発的に災害が起きた場合、過去のデータに基づく分析では、同じ規模の災害のデータを加味しなければ参考にできないということもいえます。

会社の安定性を測る基準①

会社の安定性を支払能力から判断する

■ 流動比率とは

　決算が黒字でも、支払能力のない会社は長続きしません。支払能力のある会社は、財務内容が健全であるため、すぐに倒産してしまう心配はありません。投資を検討する上では、会社の収益力だけではなく、支払能力がどの程度であるかということにも注目する必要があります。この能力を見るためには、流動比率（current ratio）という指標を使います。

　流動比率は、[流動資産÷流動負債]という算式で求められます。流動資産とは1年以内に現金化される資産です。流動負債とは、1年以内に返済しなくてはならない負債です。支払原資である分子の流動資産が、支払義務である分母の流動負債より多い状態が安全な状態です。流動比率は会社の流動性、つまり短期的支払能力を見るための代表的な指標のひとつです。

　「流動比率が高い」ということは、つまり差し迫った返済金額よりも手持ちのお金が多いということになります。たとえば、流動比率が100％ということは、1年以内に支払わなければならない負債と1年以内に現金化できる資産が同額ということです。流動比率が100％を超えているということは、1年以内に支払わなければならない負債より1年以内に現金化できる資産の方が多いということになります。反対に、流動比率が100％を切っている場合は、短期的支払能力に問題がある可能性があります。目安としては、一般的に200％以上あることが理想といわれています。

流動比率

流動比率が低いから即危ないというわけではない。たとえば、学校の授業料などは通常前入金であり、「前受金」として流動負債に多額に計上されるが、基本的には返済不要である場合が多いため、流動比率が低かったとしても安定性には重要な影響が出ないこともある。他の指標も同様に、単に表面上の比率だけでなく、科目などの実際の中身も把握しておくことが重要である。

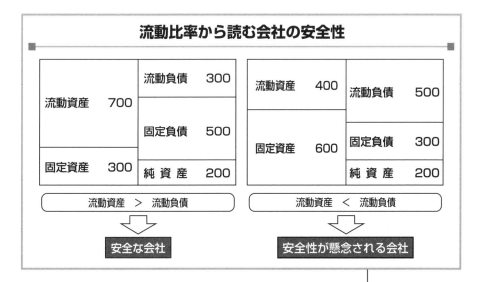

流動比率から読む会社の安全性

流動資産 700	流動負債 300
	固定負債 500
固定資産 300	純 資 産 200

流動資産 ＞ 流動負債
↓
安全な会社

流動資産 400	流動負債 500
固定資産 600	固定負債 300
	純 資 産 200

流動資産 ＜ 流動負債
↓
安全性が懸念される会社

■ 当座比率とは

　当座比率（quick ratio）とは、「流動負債」に占める「当座資産」の比率です。当座資産とは、現金預金、売掛金、受取手形、売買目的有価証券など、すぐに現金になるものをいいます。流動資産といっても、たとえば棚卸資産などは、商品として販売し、代金を回収してはじめて現金化されます。このように、すぐに現金とならない資産も多くあるわけです。流動資産の中でもより現金化しやすい当座資産と流動負債とを対比させることで、流動比率よりさらに直接的な会社の支払能力を見ようという指標です。つまり当座比率とは、流動比率をより厳しくした指標といえます。

■ 固定比率とは

　固定比率（fixed assets to equity ratio）とは、自己資本に対する固定資産の割合です。つまり、長期にわたって使用する固定資産について、返済の必要性のない自己資本でどの程度賄っているのかを見るための指標です。

固定資産とは、設備や土地など、すぐには現金化できない資産です。会社は将来の成長のために固定資産を購入します。営業活動で対価に見合った利益を稼ぐことができれば、資金を効率的に活用したということになります。要するに、固定資産の購入のために使われた資金は、長期的な使用により回収されるというわけです。このような資産に使われる資金は、返済を必要としない自己資本から賄われるのが理想的です。そうでなければ資金繰りを圧迫することになります。固定比率は100％以内が望ましいと言われています。

■ 固定長期適合率とは

固定長期適合率（fixed assets to long term debt ratio）とは、固定資産を購入するための資金を自己資本と固定負債でどの程度賄っているかを示す指標です。固定比率においても述べたように、固定資産の購入は自己資本で賄うことが理想です。しかし、なかなか困難な場合もあります。そこで自己資本だけではなく、返済期限の長い固定負債も含めた指標で判断しようとするものです。固定長期適合率は、100％以内であれば一応安全と言われています。100％を超えるということは、固定資産の購入に必要な資金を自己資本と固定負債とでは賄いきれず、流動負債まで使っていることを意味し、一般的に不健全な状態といえます。

■ 売上高運転資本比率

流動比率（136ページ）は、会社の支払能力を示す指標でした。これをさらに応用させた指標が売上高運転資本比率です。売上高運転資本比率は、流動資産、流動負債、売上高という3つの要素を使った指標で、以下の計算式で算出します。

売上高運転資本比率（％）＝ 運転資本 ÷ 売上高 × 100

「運転資本」とは「運転資金」のことで、運転資本＝売上債

会社の安全性の分析方法

流動比率

$$流動比率 = \frac{流動資産}{流動負債}$$

一般的に200%以上あることが理想

当座比率

$$当座比率 = \frac{当座資産}{流動負債}$$

一般的に100%以上あることが理想

固定比率

$$固定比率 = \frac{固定資産}{自己資本}$$

一般的に100%以内が望ましい

固定長期適合率

$$固定長期適合率 = \frac{固定資産}{自己資本+固定負債}$$

100%以内であれば一応安全

権等（受取手形や売掛金など）＋棚卸資産（在庫）－仕入債務等（支払手形や買掛金など）で算出されます。つまり運転資本とは、通常の仕入や販売取引の営業循環過程においてまだ資金化されていない部分の金額であり、自己が立て替えるべき金額を表わしています。その立て替えるべき金額が手元になければ、どこかから調達が必要となります。通常運転資本は売上高の増加に比例して増加していきます。この割合が適正か否かを判断するのが売上高運転資本比率であり、この率が急増すると資金繰りに行き詰まり黒字倒産するといった事象も起こり得ます。これは、急成長企業にありがちなパターンです。しかし、この運転資本は債権、在庫の不良化がない限りいずれは資金化されるものであることから、金額が増加する事自体が必ずしも危険というわけではありません。

　したがって債権・在庫管理は適正か、売上高の増加に比例しているか（率が急増していないか）、増加する額の資金手当ての見通しが立っているか、などの点を意識して読み取ることに留意しましょう。

会社の安定性を測る基準②

安定している会社は長く続く

自己資本比率と
収益力の関係

自己資本比率が低く借
入金が多くても、好況
時にはそれをテコに高
い収益力を生みだす
(いわゆるレバレッジ
効果)。逆に、不況時
には、売上の減少や借
入利子などの負担で収
益力がなくなる。そう
いう意味で、自己資本
比率は安定性の基準と
なる。一般的に、安全
な会社の目安は30%
といわれている。

■ 自己資本比率とは

自己資本比率（ratio of net worth）とは返済不要の自己資本
が会社全体の資本調達額（総資本）の何%あるかを示す指標です。

自己資本比率＝自己資本÷総資本（自己資本＋他人資本）

自己資本は純資産で、他人資本は負債を指します。なお、負
債と純資産の合計額が会社の総資産となりますので、自己資本
比率は自己資本÷総資産と言いかえることもできます。

たとえば、会社の調達した資金（総資本）が100のうち、自己
資本が40で、借入金などの負債が60であるとします。この場合、
自己資本比率は次のように40%となります。調達資金のうち60%
を借入金などの他人資本で賄っているということになります。

40÷（60＋40）＝0.4（自己資本比率40%）

自己資本は株主が投資した資金であり、返済義務はありません。
この割合が高いほど返済義務のない資金を営業活動に有効に活
用していることを表わし、会社は安定している状態だといえます。

■ 自己資本比率からどんなことがわかるのか

自己資本比率が高い会社の貸借対照表とはどのようになって
いるのか、資本構造から読む「会社の安全性」の図を使って見
ていきましょう。A社とB社の貸借対照表の他人資本（負債）
と自己資本（純資産）を見比べてみると、A社の自己資本がB
社の自己資本の２倍以上あります。つまりA社の方が安全な会
社であることがわかるはずです。このように、貸借対照表の資
本構造を見ると、他人資本と自己資本のバランスから、その会

自己資本比率の
小さい会社

負債が多いと金利負担
が重くなり、会社の利
益を減少させる原因に
なる。自己資本比率が
低い会社は、借入金な
どに依存した経営を
行っており、一般的に
は会社の資金繰りが厳
しい場合が多い。当然、
銀行も返済してもらえ
るか不安になるため融
資を控えるようにな
る。自己資本比率の小
さい会社は信用されに
くく、資金調達が一層
難しくなる。

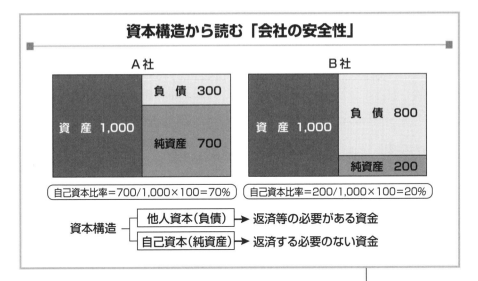

資本構造から読む「会社の安全性」

	A社	B社
	資産 1,000 / 負債 300 / 純資産 700	資産 1,000 / 負債 800 / 純資産 200

自己資本比率＝700/1,000×100＝70%   自己資本比率＝200/1,000×100＝20%

資本構造 ── 他人資本（負債）→ 返済等の必要がある資金
　　　　 └─ 自己資本（純資産）→ 返済する必要のない資金

社の経営状態の安全性がわかります。

■ 有利子負債比率とは

　有利子負債比率とは、会社の有利子負債の額を純資産で割ったパーセンテージです。算式にすると以下のようになります。

有利子負債比率（%）＝有利子負債÷純資産×100

　有利子負債とは、社債や借入金など、利息が発生する性質の負債です。借入に依存している会社は、この割合が多いといえます。

■ 有利子負債依存度とは

　有利子負債依存度とは、総資産に対する有利子負債の占める割合です。この割合が大きいと利息負担や将来の借入金などの返済により、本業以外のところで支出が多くなることを意味しており、経営が圧迫される可能性が高まることになります。有利子負債比率と共に、会社の安全性を示す指標のひとつです。

有利子負債依存度＝有利子負債÷総資産

「利益剰余金」の大きさと会社の優良度

純資産は、資本金、資本剰余金、利益剰余金から構成されている。儲けの蓄積である「利益剰余金」が大きければ大きいほど、自己資本比率も高く、安全性の高い会社だといえる。利益剰余金が増加すると、純資産つまり自己資本の額も増加するので、自己資本比率も高くなる。

収益力を測る基準①

ROA、ROE、PER、PBRといった指標がある

ROA

会社の経営資源である
すべての資産からどれ
だけの利益を稼得した
かを表わしている。
ROAは、借入利息の利
率と比較されることが
ある。たとえば借入の
利率よりROAの方が
大きい場合、まだ借入
を増やしても取り返す
余裕はある。借入によ
り得た事業資金を投資
して、会社の規模をさ
らに大きくする伸びし
ろがある。

ROE

株価の値上りと配当に
よって株主への見返り
がどの程度あるのかが
反映されており、投資
家なども注目する指標
だといえる。

**ROAとROEの
違い**

割り算の「分母」の部
分が総資産か自己資本
か、つまり会社の総力
なのか自力なのかとい
う点である。ROAの
場合の総資本では、借
金も自己資本もすべて
含めた会社の総力で稼
ぐ力が明らかになる。

■ 総資本利益率（ROA）とは

　総資本利益率はROA（Return On Asset）とも呼ばれ、総資本（総資産）に対する利益の割合を示す総合的な指標です。この割合が高いほど、会社は資産を有効に活用して利益の稼得に結びつけているといえます。分母の総資本（総資産）とは、貸借対照表における資産の合計額のことです。分子の利益については、営業利益、経常利益、当期純利益などが使われますが、これらのうち税引き後の当期純利益を用いるのが一般的であるようです。

**　総資本利益率（ROA）＝ 利益 ÷ 総資本**

■ 株主資本利益率（ROE）とは

　株主資本利益率はROE（Return On Equity）または自己資本利益率とも呼ばれ、株主資本（自己資本）つまり純資産に対する当期純利益の割合を表わします。この指標は、株主に帰属すると想定される利益率を示しており、この割合が高いほど会社は株主からの資金を効果的に経営に回しているといえます。

　株主資本利益率は、次ページ図の算式に展開できます。このように、ROEは収益力と回転（148ページの総資本回転率）とレバレッジの３つの特性の指標です。これらの指標は同業他社の同じ指標と比較することで理解が深まるため、他社の財務諸表を読み取ることも必要です。

**　株主資本利益率（ROE）＝ 利益 ÷ 自己資本**

ROEの算式

$$\text{ROE} = \frac{\text{当期純利益}}{\text{株主資本}} = \frac{\text{当期純利益}}{\text{売上高}} \times \frac{\text{売上高}}{\text{総資本}} \times \frac{\text{総資本}}{\text{株主資本(自己資本)}}$$

$$\qquad\qquad\quad\ \underset{(\text{収益力})}{} \qquad\ \underset{(\text{回転})}{} \qquad\quad\ \underset{(\text{レバレッジ})}{}$$

■ 株価収益率（PER）とは

　株価収益率は、PER（Price Earnings Ratio）とも呼ばれ、1株当たり当期純利益（Earning Per Share）の何倍の株価により株が売買されているかを示す指標です。株価を1株当たり当期純利益で除すことにより算定されます。株価収益率が高いほど、会社の利益に対して株価が割高であると判断することができます。

　株価収益率（PER）＝ 株価 ÷ 1株当たり当期純利益（EPS）

■ 株価純資産倍率（PBR）とは

　株価純資産倍率は、PBR（Price Book-Value Ratio）とも呼ばれ、1株当たり純資産の何倍の株価により株が売買されているかを示す指標です。株価を純資産で除すか純利益で除すかという点で上記の株価収益率と異なります。株価純資産倍率は、株価収益率と同じように率が高ければ株式が割高ということがいえます。

　また、株価は一般的には将来期待される回収見込総額（入金見込額）を表わしますので、これが1株当たり純資産を下回っていれば（株価純資産倍率が1倍未満であれば）割安である可能性があるといえます。

　株価純資産倍率（PBR）＝ 株価 ÷ 1株当たり純資産

株価収益率

過去や将来予想の数値、また同業他社の数値と比較することで、その株の現在の割安性をより深く読み取ることができる。

株価純資産倍率

株価収益率と同じく株価の割安性を測る指標であり、株価を1株当たり純資産（＝純資産÷発行済み株式数）で除すことで算定される。仮に会社が解散する場合、（支払義務のある費用を支払った後の）純資産は1株ごと均等に株主に分配されることになる。そのため、この指標の分母には1株当たり純資産を使用している。株価純資産倍率が低ければ低いほど、その株価は割安だといえる。

収益力を測る基準②

売上高に対する売上総利益や営業利益などの割合で判断する

■ 売上高総利益率とは

　売上高総利益率とは、売上高に対する売上総利益の割合のことです。粗利率ともいいます。算式で表せば、〔売上高総利益率＝（売上高－売上原価）÷売上高〕となります。売上総利益は、会社の一つひとつの取引で稼ぎ出した利益の総合計のことです。会社にとっては、この売上高総利益率を高めることが、重要になります。売上高総利益率が高いということは商品力の強さやブランド力の強さを表わしています。

■ 売上高営業利益率とは

　売上高営業利益率とは、売上高に対する営業利益の割合のことです。営業利益とは、売上総利益から「販売費及び一般管理費」を差し引いた利益で、会社の本業で稼ぎ出した利益のことです。売上高営業利益率は、会社の経営効率を見るための割合（指標）です。

　この割合が低下していて、かつ売上高総利益率に大きな変動が見られない場合は、「販売費及び一般管理費」の比率が高まっていることになります。この場合は、「販売促進費や広告宣伝費が効果的に使われていない」「ムダな支出が多い」「人員を増やしすぎている」といった、販売費及び一般管理費を増加させる要因が生じていると考えられます。

■ 売上高経常利益率とは

　売上高経常利益率とは、売上高に対してどれだけ経常利益を

売上高営業利益率

企業が本業でどれだけ効率よく利益を上げたかを見る指標。企業がいくら売上を上げても、経営効率が悪いと営業利益が小さく、売上高営業利益率は低くなる。つまり、この割合が高ければ企業の販売力の強さとコストを抑えて効率よく経営が行われたことを意味している。

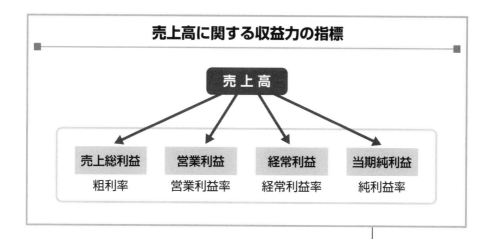

売上高に関する収益力の指標

売 上 高

売上総利益	営業利益	経常利益	当期純利益
粗利率	営業利益率	経常利益率	純利益率

あげているかを表わす指標です。経常利益は、企業の本来の営業活動の他に、営業活動以外の活動の結果も織り込んだ利益です。経常利益は、営業利益に営業外損益をプラスマイナスして計算されます。そのため、売上高営業利益率までに大きな変動がなく経常利益に異常が見られる場合には、営業外収益と営業外費用の中身を検討する必要があります。

■ 売上高当期純利益率とは

　売上高当期純利益率とは、売上高に対する当期純利益の割合のことです。当期純利益は、経常利益から特別損益をプラスマイナスして算定された税引前当期純利益から税金（法人税、住民税、事業税）を控除した利益となります。経常利益は会社の経常的な活動により生じた利益である一方で、当期純利益は通常時には発生しない損益を含めた会社のすべての活動の結果が反映された利益です。この指標の数値が大きく変動している一方で、売上高経常利益率に大きな変動が見られない場合は、減損損失など特別損益で大きな損失または利益が生じている可能性があります。この場合、会社の経営の継続に影響はないか検討する必要があります。

営業外損益の主なもの

利息などの金融にかかわる損益である。とくに、営業外費用である支払利息は重要で、売上高の数十％という巨額な利息を支払い続けている会社も世の中にはある。このような場合、無理な設備投資などによる過大な借入金を行っている可能性があるため、健全な経営が行われているのか留意する必要がある。

成長力を測る基準

・・・

会社に伸びしろがあるかどうかの判断

■ 売上高成長率（売上高伸び率）とは

売上高成長率とは、当期と前期の売上高の差額を前期の売上高で除した割合です。この割合が高いほど、売上高が伸びている（事業規模が拡大している）といえます。

売上高成長率＝（当期売上高－前期売上高）÷前期売上高

■ 営業利益伸び率とは

営業利益伸び率とは、当期と前期の営業利益の差額を前期の営業利益で除した割合です。売上高が伸びていても、利益を増やす力がなければ会社は成長しません。営業利益伸び率とは、事業で稼ぎだす力を示す指標といえます。

営業利益伸び率＝（当期営業利益－前期営業利益）÷前期営業利益

■ 経常利益伸び率とは

経常利益伸び率とは、当期と前期の経常利益の差額を前期の経常利益で除した割合です。営業利益からその他の収益及び費用も含めた経常利益を使用して、事業で稼ぎだす力を示す指標となります。

経常利益伸び率＝（当期経常利益－前期経常利益）÷前期経常利益

■ 当期純利益伸び率とは

当期純利益伸び率とは、当期と前期の純利益の差額を前期の

経常利益

経常利益とは、企業の通常の活動により獲得した利益であり、会社の業績を判断する重要な数値である。伸び率が上がっている会社は、健全に成長しているといえる。また、売上が伸びているのにもかかわらず経常利益伸び率が落ちているという場合は、採算が取れていないということなので、不安要因が含まれている可能性がある。

成長力の指標

損益計算書（利益）に
関する成長力の指標 ➡ 売上高伸び率、営業利益伸び率、
経常利益伸び率、当期純利益伸び率

貸借対照表に関する
成長力の指標 ➡ 総資本増加率、総資産増加率

純利益で除した割合です。営業利益伸び率や経常利益伸び率も
併せて使用すると効果的です。当期純利益には、突発的な事象
による特別損益の項目が加味されている場合もあるからです。

当期純利益伸び率＝（当期純利益－前期純利益）÷前期純
利益

■ 総資本増加率とは

総資本増加率とは、前期と比較して増加した総資本の額を前
期の総資本で除した割合です。会社全体の規模がどの程度大き
くなったのかを表わします。会社の成長そのものを示す指標と
いえます。

総資本増加率＝（当期総資本－前期総資本）÷前期総資本

■ 総資産成長率とは

総資産成長率とは、前期に比べ増加した総資産額を前期末時
点の総資産で除した割合です。この割合が高いほど、会社が積
極的に投資を行い、資産規模が拡大しているといえます。総資
産と総資本は同額ですので、総資産成長率と総資本増加率は同
じ値になります。

総資産成長率＝（当期末総資産－前期末総資産）÷前期末
総資産

> **付加価値**
>
> その会社自身の活動に
> より生み出された価値
> を数値化したもの。算
> 出方法には、売上高か
> ら原材料費等を控除す
> る方法とコストや事業
> 利益などの金額を積み
> 上げていく方法がある。

効率性を測る基準

総資本回転率・自己資本回転率・固定資産回転率など
の指標で分析を行う

**会社の効率性を
測る その他の指標**

本文で解説した指標以
外に売上債権回転率や
仕入債務回転率などが
ある。売上債権回転率
は、売上高を売上債権
で除すことにより算定
される。売上債権回転
率が高いほど、取引先
から素早く売上債権を
回収できているといえ
る。仕入債務回転率
は、売上原価を仕入債
務で除すことにより算
定される。仕入債務回
転率が高いほど、仕入
債務の支払いを素早く
効率的に行っていると
いえる。

**自己資本回転率
の問題点**

自己資本と売上高が同
時に減少している場合
は自己資本回転率は変
動しないため、この指
標だけでは会社の業績
悪化に気づかないこと
がある。そのため、自己
資本回転率だけではな
く、売上高経常利益率
や自己資本利益率と
いった他の指標と併せ
て分析する必要がある。

固定資産

機械や建物など長期間
にわたって所有し利用
する資産のこと。

■ 総資本回転率とは

　総資本回転率は、会社のすべての資本がどれだけ効率的に運
用されているかを示す指標です。売上高を総資本で除すことに
より算定され、総資本を何回分回収できる売上高が計上されて
いるかがわかります。総資本回転率が高いほど、少ない総資本
で大きな売上高を上げているものといえます。

■ 自己資本回転率とは

　自己資本回転率は、株主が出資した資金である自己資本がど
れだけ効率的に運用されているかを示す指標です。売上高を自
己資本で除すことにより算定されます。自己資本回転率が高い
ほど、少ない自己資本で大きな売上高を獲得しているといえます。

■ 固定資産回転率とは

　固定資産回転率は、固定資産を使用してどれだけ効率的に売
上を獲得しているかを示す指標です。この指標は、売上高を固
定資産の金額で除すことにより算定されます。固定資産などの
設備の稼働により商品は製造され、その商品が販売されると売
上が計上されます。つまり、固定資産の投資額に対して売上高
が大きいほど、固定資産が効率的に稼働しているものといえま
す。一方で、長期的に安定した経営を行っていくためには、設
備投資を適時に行っていく必要があります。そのため、固定資
産回転率が高すぎることは必ずしも会社の経営にとってよいこ
ととは限らないのです。

自己資本回転率

A社	B社
自己資本：1000万円 売上高　：　500万円	自己資本：1000万円 売上高　：1200万円
⬇	⬇
自己資本回転率は 0.5	自己資本回転率は 1.2

> 自己資本の金額は2社とも同じであるが、B社の方がより
> 自己資本を効率的に運用して売上高を獲得しているものといえる。

■ 設備投資効率とは

　設備投資効率とは、設備（有形固定資産）を使用してどの程度の付加価値を生み出すことができているかを見る指標です。粗付加価値額を有形固定資産の金額（建設中で未稼働の建設仮勘定を除く）で除すことで算定されます。分母の有形固定資産の金額は、当期末と前期末の平均値とします。分子の粗付加価値額は、外部から購入した商品やサービスの金額を売上高から差し引いたもので、減価償却費を含みます。固定資産回転率だけでは、固定資産の稼働によりどの位の利益が生み出されているかを測ることはできません。しかし、設備投資効率を分析することにより、会社が設備を有効に利用して付加価値を創出しているかどうかを測ることができます。

■ 棚卸資産回転率とは

　棚卸資産回転率とは、いかに棚卸資産が効率的に販売されて売上へつながっているかを測る指標です。棚卸資産回転率は、売上原価を棚卸資産で除すことにより求められます。棚卸資産回転率が高いほど、効率的に棚卸資産を回転させ売上を獲得することができているといえます。一方で、棚卸資産回転率が悪化した場合は、不良在庫の存在を示唆することがあります。

棚卸資産回転率

棚卸資産の中には、すでに出荷できる状態にある商品や製品の他、製造過程にある仕掛品や半製品、これから製造過程に入る原材料などがある。これらの項目ごとに回転率を求めることで、どの項目が棚卸資産回転率に影響しているかを分析することができる。

棚卸資産回転率を改善するには

ただ在庫を減らせばよいというものではない。棚卸資産を適正な数量で保有し顧客の注文に対応できるようにしておかないと、販売機会を逃してしまい、獲得できたはずの売上を上げることができなくなってしまう。

資金繰りを測る基準

売上債権回転期間や経常収支比率を分析する

■ 売上債権回転期間とは

売上債権回転期間とは、得意先に対する売掛金などの売上債権が、どの程度の期間を経て回収されるかを表わします。売上債権回転期間は、売上債権を売上高で除すことで算定されます。この指標の値が小さいほど、商品を販売してから売上債権を回収するまでの期間が短く、資金回収力が高い会社だといえます。売上債権回転期間が長期化していると、取引先の業績悪化等により売上債権の回収が適時に行われていないことを示唆している場合があります。そのため、この指標は滞留債権の存在を調査するためにも用いられます。なお、売上債権回転期間の分子と分母を入れ替えた指標は、売上債権回転率と呼ばれます。売上債権回転期間と同じく、売上債権回転率も売上債権が効率的に回収されているかを示す指標です。

■ 経常収支比率とは

経常収支比率とは、経常収入と経常支出の比率であり、経常収入を経常支出により除すことで算定されます。経常収入とは、売上高や営業外収益のことであり、経常損益に直接関係する収入のことをいいます。一方で、経常支出は売上原価や販売費及び一般管理費、営業外費用など、経常損益に直接関係する支出のことをいいます。なお、売上高がそのまま売上収入になるのではなく、実際に現金として回収された金額が売上収入となります。このように、会計上計上されている金額そのままが経常収入または経常支出となるのではなく、実際に現金として回収

回転期間

分析していく上で、その会社の正常な回転期間を知っておかないとその指標が異常なのかどうかが判断できない。たとえば、売上債権回転期間に関して、売上計上後翌月決済が通常であれば正常な回転期間は1か月であり、3か月後決済であれば3か月ということになる。

売上債権回転期間

当年度の売上高	…	2000万円
当年度の売掛金・受取手形	…	1000万円
前年度までの売上債権回転期間	…	3ヵ月

当年度の売上債権回転期間は…
1000万円÷2000万円＝0.5年＝6か月

➡ 前年度までの売上債権回転期間（3か月）よりも、
当年度の売上債権回転期間（6か月）は長期化し
ていることがわかる。

➡ 売上債権の滞留を示している可能性がある。

または支出した金額を指します。

　経常収支比率が100%を下回っている場合は、経常活動によ
る収入が支出を下回っており、運転資金を賄うための資金繰り
に問題があるといえます。

■ 会社の資金繰りを測るその他の指標

　会社の資金繰りを測る指標としては、136、137ページで説明
した流動比率、当座比率、固定比率などもあります。流動比率
や当座比率は短期的な支払能力を示す指標です。流動比率は流
動資産を、また当座比率は現預金や売上債権といった現金化が
容易な資産（当座資産）を流動負債で除すことで算定されます。
これらは、短期的に現金化される資産が、短期的に支払いが発
生する負債をどの程度カバーできているかを示しています。

　固定比率は、固定資産を純資産で除して求められる指標です。
現金で回収するまでに時間を要する固定資産が返済不要の純資
産によりどの程度カバーされているかを測る指標であり、この
値が低いほど長期的な資金繰りが安定しているといえます。

金利の支払能力を判断する基準

元本や金利の支払能力を表わす

■ インタレストカバレッジレシオとは

　借金が多い会社は、金利の負担による資金不足も懸念されます。そこで金利の支払能力を判断する指標として、インタレストカバレッジレシオ（ICR）というものがあります。

　インタレストとはこの場合「利息」という意味になります。つまり利息を補てん（カバレッジ）する比率（レシオ）ということで、利息の支払いを会社自身の稼ぎで補てんできているかどうかを見るための指標となります。計算式で表わすと以下のようになります。

ICR＝（営業利益＋受取利息＋受取配当金）÷（支払利息＋社債利息）

　「営業利益」に受取利息や配当などの運用収益を加算したものを基準にして、それより支払利息が多いか少ないかで判断します。「経常利益」ではないので注意しましょう。

　この指標の読み方としては、数値が「1」未満の場合、借入の利息が収益を上回っているということになり、金利負担がひっ迫しているということになります。なぜなら稼いだ収益を利息の支払いで使い切ってしまっているからです。反対に数値が大きいほど、支払能力があるということになります。

　この指標は、融資のための査定や、社債の格付けなどに利用されます。

■ デットサービスカバレッジレシオとは

　支払能力を示す指標として、前述したインタレストカバレッ

ICR・DSCR

いずれも営業利益が計算式にあるため、仮に営業赤字になった場合には通常この指標は異常値になる。営業赤字が一時的なものなのかなど、その原因を把握した上での判断が必要な場合もある。

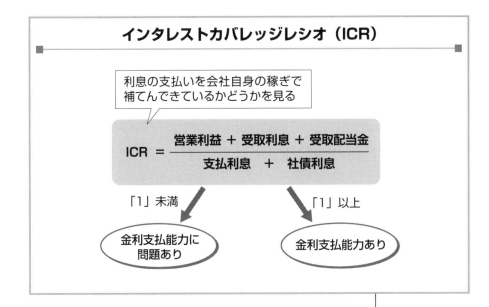

インタレストカバレッジレシオ (ICR)

利息の支払いを会社自身の稼ぎで
補てんできているかどうかを見る

$$ICR = \frac{営業利益 + 受取利息 + 受取配当金}{支払利息 \ + \ 社債利息}$$

「1」未満 → 金利支払能力に問題あり

「1」以上 → 金利支払能力あり

ジレシオの他にデットサービスカバレッジレシオ（DSCR）と
いうものがあります。デットサービスとは元本と利息の支払い
のことをいいますので、元利金の返済を会社自身の稼ぎでカ
バーできているかどうかを見るための指標ということです。計
算式に表わすと以下のようになります。

DSCR＝（営業利益＋受取利息＋受取配当金）÷｛支払利
息 ＋ 社債利息 ＋（前期末有利子負債残高−当期末有利子
負債残高）｝

有利子負債とは、利息の支払いを伴う負債のことで、たとえ
ば短期借入金や長期借入金、社債などがこれに該当します。有
利子負債の前期末残高から当期末残高を引いた差額は、当期に
返済した元本の金額を意味しますので、数値が高いほど元利金
の支払いに余裕があるということになります。

この指標は、主に社債の格付けや投資先の判断材料に利用さ
れます。ただし、新規に借入を行った場合や、固定負債がもと
もと少ない場合には、あまり参考にはならないかもしれません。

生産性を測るその他の基準

労働分配率が高すぎると経営は苦しくなる

■ 付加価値率とは

　付加価値率とは、売上高に対する付加価値の割合を示しています。この値が高いほど会社が付加した価値が高いことを意味しています。付加価値とは、売上高マイナス外部購入価値で表わされます。会社は仕入れた商品または材料に付加価値をプラスして販売します。材料費、外注費、光熱費などといった、他社から仕入れた価値を外部購入価値といい、社内でプラスした価値が付加価値です。たとえば、10,000円で仕入れたものを自社で加工をして15,000円で販売すると、5,000円が付加価値となります。つまりこの5,000円は自社でつけ加えた新しい価値です。付加価値の中には人件費などの費用の他、会社としての利益も含まれています。付加価値率は、以下の計算式で算出します。

　付加価値率（％）＝（付加価値÷売上高）× 100

　なお、営業利益に人件費（外部に支払っていないもの）を加算することで付加価値の概算値を求めることはできます。

■ 労働分配率とは

　労働分配率とは、付加価値に占める人件費の割合を見るものです。つまり、付加価値の中からどの程度の割合で人件費に回されているかを表わしている指標なのです。一般にこの値は、労働集約的な事業では高くなり、自動化、機械化が進んでいる会社では低くなります。企業における経営資源は、大まかにいうと、「ヒト、モノ、カネ」であり、「人件費」は、そのうち「ヒト」にあたる部分です。付加価値のうち、「ヒト」に分配さ

販売費及び一般管理費に占める人件費の割合が高すぎる会社

経営を圧迫していることになり、人件費の負担増加によって、やがて赤字経営に陥り経営が立ち行かなくなることもあり得る。しかし、人件費を削り過ぎることは従業員の給料を減らすことであるから、従業員の「士気の低下」を招かないように慎重に行わなければならない。できる限り労働生産性を上げる努力を行い、労働分配率をできるだけ低く抑え、同時に役員や従業員の報酬や給料の水準を同業他社と同等またはそれ以上の水準に保つことが理想である。

生産性の指標

労働に関する生産性の指標 ➡ 労働分配率、労働生産性

資本に関する生産性の指標 ➡ 資本生産性

れる割合がどれくらいかを表わすのが、労働分配率です。つまり、労働分配率とは、会社全体で生み出した付加価値の中から、人件費として従業員にどれだけ支払われているかを示した割合で、以下の計算方法で算出します。

労働分配率（％）＝（人件費÷付加価値）× 100

上記の計算式にある「人件費」は、役員報酬、従業員給料の他法定福利費、福利厚生費なども人件費に含めて労働分配率を計算します。この割合が高ければ高いほど、従業員には喜ばしいことです。しかし、会社としては人件費負担が重く、利益圧迫の要因となり赤字に転落するリスクが出てきます。

一概にはいえませんが、一説によると、労働分配率の平均は50％強ですので、労働分配率がそれを大幅に超えるようになると会社として経営が苦しくなるといわれています。同業他社と比較して賃金水準が高く、労働分配率の比率も高い時は、労働生産性を上げる努力が必要になってきます。

労働分配率は付加価値に占める人件費の割合でしたが、少し視点を変えて、たとえば営業マンは今の給料をもらうためにはどの程度の売上高が必要になるか考えてみましょう。

仮に、営業マンの月給が30万円で会社の売上高総利益率が30％だとしましょう。労働分配率が50％だとすると、〔目標売上高＝給料÷（売上高総利益率×労働分配率）〕であるため、

目標売上高は30万円÷（30%×50%）より200万円となります。つまり、200万円の売上がないと30万円の給料がもらえないということです。月給の6倍以上の売上高をあげなければなりません。さらに、社会保険料の会社負担分以外の人件費を考慮すると目標売上高はさらに高くなります。

■ その他どんな指標があるのか

労働分配率が高いときは、労働生産性を高めることで労働分配率を抑えながらも給与や報酬の水準を保つことができます。その結果、従業員の士気も保たれ、優秀な従業員の流出を防ぐことができます。労働生産性は、以下の計算式により算出することができます。

労働生産性 ＝ 付加価値 ÷ 平均従業員数

この指標は、従業員1人当たりでどれだけの付加価値を創出しているかを見る指標です。この値が高いほど労働の効率が高いといえます。なお、労働生産性は、付加価値率や労働分配率を用いることで以下のようにも表わすことができます。

労働生産性 ＝ 付加価値率 × 1人当たり売上高
労働生産性 ＝ 従業員1人当たり人件費 ÷ 労働分配率

一方で、労働生産性は資本生産性とトレードオフの関係にあります。つまり、いずれかが大きければ他方は小さくなる傾向にあります。資本生産性は、投下した資本1円当たりがどれほどの付加価値を生み出しているかを見る指標です。以下の計算式により、資本生産性を算出することができます。

資本生産性 ＝ 付加価値 ÷ 総資本

資本生産性が高いほど、少ない資本でより大きな付加価値を創出していることを示しています。機械の導入などにより従業員を削減すると、労働生産性は高まりますが、一方で、設備が増加した分だけ資本生産性は低下することになります。

販売費及び一般管理費に占める労働分配率の配分

一般的には会社予算の作成時に、ある程度人件費の枠を決めている企業が多い。会社としては、決められた枠の人件費をどのように公平に効率よく従業員に分配するのかを決めることが大切だといえる。

労働分配率の指標

損益計算書
(自令和2年4月1日　至令和3年3月31日)　　　(単位：円)

Ⅰ	売上高		645,231,652
Ⅱ	売上原価		
	期首商品棚卸高	53,829,659	
	当期商品仕入高	452,336,585	
	計	506,166,244	
	期末商品棚卸高	47,658,532	
	差引		458,507,712
	売上総利益		186,723,940
Ⅲ	販売費及び一般管理費		
	役員報酬	25,200,000	
	従業員給料	75,586,252	
	法定福利費	8,521,562	
	運賃	12,357,258	
	広告宣伝費	4,523,568	
	交際接待費	2,002,562	
	旅費交通費	7,758,256	
	消耗品費	2,153,263	
	地代家賃	23,568,569	
	水道光熱費	5,236,852	
	雑費	1,500,231	168,408,373
	営業利益		18,315,567
Ⅳ	営業外収益		
	受取利息	253,652	
	雑収入	1,523,562	1,777,214
Ⅴ	営業外費用		
	支払利息	1,352,632	1,352,632
	経常利益		18,740,149
Ⅵ	特別利益		
	固定資産売却益	1,356,213	1,356,213
Ⅶ	特別損失		
	災害損失	563,231	563,231
	税引前当期純利益		19,533,131
	法人税、住民税及び事業税		8,406,346
	当期純利益		11,126,785

$$労働分配率 = \frac{人件費}{売上総利益} \times 100 = \frac{109,307,814}{186,723,940} \times 100 = 58.5\%$$

※ここでは、売上総利益＝付加価値として計算している。

キャッシュ・フロー計算書の分析

キャッシュ・フロー計算書でより多面的に分析する

■ キャッシュ・フロー計算書を使用した経営分析

これまでは、主に貸借対照表と損益計算書を使って経営分析のさまざまな指標を説明しました。これらの指標だけでもかなりの数があるため、会社の置かれている状況がより客観的に把握できるようになることと思います。ただ、現在は「キャッシュ・フロー経営」が重要であるといわれており、キャッシュ・フローである現預金をいかに効率よく獲得できているかを判断するための情報も重要になっています。つまり、いくら利益などの業績が良かったとしても、「勘定合って銭足らず」な状態になっている場合には、健全な経営が行われているとはいえません。そこで、キャッシュ・フロー計算書で登場する項目も使用して分析を行うことで、より多面的で効果的に会社の状況を把握することが可能になります。ただし、キャッシュ・フロー計算書は上場会社などの一定の会社を除いて作成の義務はありませんので、上場していない会社が自らの会社を分析するには、キャッシュ・フロー計算書を追加して作成する必要があります。

キャッシュ・フローの分析の方法は、基本的にはこれまでの経営分析で扱ってきた利益（営業利益、経常利益、当期純利益など）から、キャッシュ・フロー（営業キャッシュ・フロー、投資キャッシュ・フロー、財務キャッシュ・フロー）に変わるだけで、計算方法はあまり変わりません。つまり、キャッシュ・フロー計算書でも同じように会社の安定性・収益力・成長力などを分析することができます。以下では、このようなキャッシュ・フロー版の代表的な指標を説明していきます。

キャッシュ・フローに含まれる資金の範囲

基本的には現金預金がキャッシュ・フローの資金の範囲になるが、すぐに払戻し請求可能な預金や、リスクの少ない短期投資が資金の範囲の対象となるため、たとえば定期預金のような預入期間が長い預金は資金の範囲に含まれず、また期限が3か月以内の安全性の高い短期運用の債券は資金の範囲に含まれる。このように貸借対照表上の現金預金と、キャッシュ・フロー上の資金は必ずしも一致はしない。

損益計算書などの経営分析とキャッシュ・フローの経営分析

損益計算書などの経営分析 ➡ 営業力、販売力などの実力を測る

キャッシュ・フロー計算書の
経営分析 ➡ 営業、販売だけでなく、最終的な
キャッシュの獲得までの効率性を測る

■ キャッシュ・フロー版の安定性を測る指標

・営業キャッシュ・フロー流動負債比率

本業によって獲得した現預金である営業キャッシュ・フロー
を流動負債で除して計算します。

営業CF流動負債比率＝営業CF÷流動負債

この数値が大きい方が、今後短期間のうちに返済等が必要な
流動負債に対して、本業で獲得したキャッシュ・フローで賄え
ることができるため、短期的な資金繰りの観点で健全であると
いうことになります。

・有利子負債営業キャッシュ・フロー比率

営業キャッシュ・フローを有利子負債で除して計算します。

有利子負債営業CF比率＝営業CF÷有利子負債

この数値が大きい方が、長期借入金などを含めた負債の返済
能力があるということになります。会社が長く続くかどうかは、
資金力にかかっています。いくら利益が出ていても、資金繰り
に行き詰ると継続は難しくなります。健全な会社の場合、主力
となる事業で資金を稼ぎ出す力を持っているといえます。

■ キャッシュ・フロー版の収益力を測る指標

・総資本営業キャッシュ・フロー比率

営業キャッシュ・フローを総資本（総資産）で除して計算します。

総資本営業CF比率＝営業CF÷総資本（総資産）

　この指標は、会社のすべての資産からどれだけの営業キャッシュ・フローを稼得したかを表わしています。142ページで説明した総資本利益率のキャッシュ・フロー版の指標となります。

・売上高営業キャッシュ・フロー比率

　売上高との関係で収益力を判断する指標として売上高営業キャッシュ・フロー比率があります。これは、一般的にキャッシュ・フローマージンといわれており、売上高に対する営業キャッシュ・フローの割合のことです。

キャッシュ・フローマージン＝営業CF÷売上高

　売上高営業キャッシュ・フロー比率は、企業が本業でどれだけ効率よくキャッシュ・フローを獲得したかを見る指標です。144ページで説明した売上高営業利益率のキャッシュ・フロー版の指標となります。

■ キャッシュ・フロー版の成長力を測る指標

・営業キャッシュ・フロー伸び率

　当期と前期の営業キャッシュ・フローの差額を前期の営業キャッシュ・フローで除して計算します。

営業CF伸び率＝（当期営業CF－前期営業CF）÷前期営業CF

　この指標は、事業で営業キャッシュ・フローを稼ぎだす力を示す指標といえます。146ページで説明した営業利益伸び率のキャッシュ・フロー版の指標となります。

■ その他の指標

・営業キャッシュ・フロー設備投資比率

　キャッシュ・フロー計算書は、投資キャッシュ・フローの中で設備投資額が把握できるため、これを使うことによって営業キャッシュ・フローに対してどれだけの設備投資が行われているか（営業キャッシュ・フロー設備投資比率）を見ることがで

営業キャッシュ・フロー

営業キャッシュ・フローには、営業損益計算に関するキャッシュ・フローだけでなく、法人税等の支払いの他、損害賠償金の支払などのような臨時的な支払も含まれている。

キャッシュ・フロー版の経営分析

安定性

$$営業CF流動負債比率 = \frac{営業CF}{流動負債}$$

$$有利子負債営業CF比率 = \frac{営業CF}{有利子負債}$$

収益力

$$総資本営業CF比率 = \frac{営業CF}{総資本（総資産）}$$

$$キャッシュ・フローマージン = \frac{営業CF}{売上高}$$

成長力

$$営業CF伸び比率 = \frac{当期営業CF - 前期営業CF}{前期営業CF}$$

その他

$$営業CF設備投資比率 = \frac{設備投資額}{営業CF}$$

きます。

・営業CF設備投資比率＝設備投資額÷営業CF

　設備投資額は、キャッシュ・フロー計算書では投資キャッシュ・フローの中にある「有形固定資産の取得による支出」が近似値になります。

　設備投資を行うことは、将来のキャッシュ・フロー獲得の源泉となるため、この比率が大きければ将来より大きな営業キャッシュ・フローを期待できるという潜在的な力を見ることができます。

IFRSとはどんなルールなのか

　IFRSとは、IASB（国際会計基準審議会）が作成しているグローバルな会計ルール（会計基準）のことです。正式には国際財務報告基準（International Financial Reporting Standards）といい、この略称としてIFRSという言葉が用いられています。従来は、各国で定められた会計基準を用いて、財務諸表を作成していました。そのため、異なる国の企業について、それらの財務諸表を単純に比較検討することが難しいことも多くありました。そこで、世界共通の会計基準として導入が進められたのがIFRSです。日本でも、IFRSは連結財務諸表を対象に2010年より任意適用されることになり、現在約200社の上場会社がIFRSを適用しています。

　日本の会計基準も会計のグローバル・スタンダードの観点より、多くの新しい会計基準の設定が行われてきましたが、現在においても細かい点も含めてIFRSと異なる箇所が多々あります。

　まず、日本の会計基準が細目主義と言われているのに対し、IFRSは原則主義であると言われています。日本の会計基準では具体的な数値基準や処理方法まで定めているのに対し、IFRSでは具体的な判断基準などはあまり示されていません。また、日本の会計基準では、財務諸表を貸借対照表、損益計算書、株主資本等変動計算書と呼んでいますが、IFRSでは、これらを財政状態計算書、包括利益計算書、持分変動計算書と呼びます。IFRSでは、日本の損益計算書にあるような経常損益や特別損益の表示区分もありません。個々の会計処理においては、のれんやリースの会計処理などを中心に両者で大きく異なっています。

　今後IFRSの導入がさらに進めば、グローバルな観点で企業の財務情報を比較、評価しやすい環境が整ってきます。投資家にとっても、投資判断をより効率的に行えるようになるでしょう。

PART 6

税務の知識

法人税

■ 利益には法人税が課される

会社が事業で稼いだ儲けには、法人税が課税されます。納めるべき法人税の額は、自ら計算して申告しなければなりません。

法人税の計算は、決算で確定した「当期純利益」または「当期純損失」をベースにして行います。これに税法に基づいた調整計算を加え、課税されるべき所得の金額と、所得に対する法人税額が算出されるというのが大まかな流れです。また、二重課税の排除や特定の政策推進などの目的で、法人税額から一定の金額を差し引く税額控除が適用されるケースもあります。

■ 法人税法上の所得の計算方法

法人税法上の所得の計算は、会計規則に基づいて計算された当期純利益（または当期純損失）をもとに行われますが、税法独自の計算を加える場合があります。これを申告調整といいます。申告調整には、所得に加算する「加算項目」と減算する「減算項目」があります。加算されるということは、所得が増え、当然ながらその分税金も増えるということです。反対に減算項目には、税金を減らす効果があります。

・加算項目

所得に加算する加算項目には、たとえば損金経理（確定した決算について費用または損失として経理処理をすること）をした法人税、減価償却の償却超過額、交際費等の損金不算入額などがあります。簡単に説明しますと、納付した法人税は「法人税等」などの科目で費用として計上されています。しかし、税

企業利益と課税対象

| 法人税の確定申告納付 | …… 事業年度終了の日の翌日から2か月以内に申告納付 |

法人税の中間申告納付
: 前年実績による予定申告
…… 前事業年度の法人税の6か月換算額を申告納付
: 仮決算による中間申告
…… 事業年度開始の日から6か月間を1事業年度とみなして申告納付

| 修正申告納付 | …… 申告した法人税が少なかった場合に正しい税額を申告納付 |

法上は損金不算入であるため、加算されます。減価償却費は、損金経理を行った場合に税法上の限度額までの損金算入が認められています。ただし限度額を超えた部分については損金不算入となります。交際費についても税法上の限度額が設けられており、これを超えた部分は損金不算入となります。

・減算項目

減算項目には、当期に支払った事業税等の金額や、法人税や所得税の還付金などがあります。事業税は、納付をした事業年度で損金算入が認められています。しかし、一般的には前期に「法人税等」として計上しているため、前期においていったん加算調整した上で、その翌期の損金として減算調整します。法人税等の還付金については、「雑収入」など収益に計上されています。そもそも法人税が損金不算入であるため、還付された場合も益金不算入として減算調整されます。

■ 法人税の確定申告

会社（法人）の利益に対する課税は、申告納税制度をとっています。この申告納税制度とは会社が自らその所得と税額を計

延滞税

延滞税とは、税金の申告において、法定納期限の翌日から納付日までの日数に応じて徴収される、利息に相当する税金である。延滞した日数が2か月までの場合は年2.6％（令和2年度）、2か月を経過した日以後は年8.9％（令和2年度）の割合となる。

申告書の提出日

申告書の提出日は、申告書が税務署に到達したときであると一般的に考えられている。郵送による申告書提出については特別な扱いがあり、郵便物の消印日で判断される。

修正申告と延滞税

申告した法人税が少なかった場合、正しい税額を申告し直すことが必要になる。この申告を修正申告という。税務調査などで誤りが指摘された場合、調査官から修正申告をするよう指示される。修正申告により税額が増額すると、延滞税等が課税される場合がある。

法人税の電子申告

法人税の申告の方法は、持参または郵送があるが、インターネット（e-Tax）を活用すれば、電子証明とカードリーダーがあれば税務署に行かなくても申告ができる。メッセージボックスに申告書やメッセージが格納されるのでとても便利である。なお、資本金が1億円を超える会社などの一定の法人は、令和2年4月1日以降開始する事業年度より電子申告が義務化されている。

算し、確定申告をして納付するという方法です。そのため、各事業年度終了の日の翌日から2か月以内に、所轄の税務署長などに対し、確定した決算に基づき、その事業年度の課税標準である所得金額または欠損金額、法人税法により計算した法人税額等を記載した申告書を提出しなければなりません。法人税額は、確定申告書の提出期限までに納付しなければならないことになっています。これが、法人税の確定申告です。

なお、法人税は、株主総会の承認を得た確定決算を基に計算しますが、会計監査人監査などの必要性から、2か月以内に決算が確定しない場合があります。このような場合には、届出書を提出し、1か月間の申告期限の延長をします。

■ 別表の作成

法人税の確定申告書は、別表と呼ばれる複数の用紙で構成されています。別表には必ず作成が必要なものと、必要に応じて作成するものがあります。どの法人も必ず作成が必要な別表は、別表一㈠、二、四、五㈠、五㈡の5枚です。これ以外の別表は、必要に応じて作成することになります。計算の結果、差異が生じて調整計算を行う必要がある場合、別表四の「加算」または「減算」の欄へ転記します。また、翌期以降の損金や益金として繰り越す場合、別表五㈠にも転記します。

■「確定申告書」には決算書を添付する

通常の確定申告に添付が必要な決算書類は、「貸借対照表」「損益計算書」「株主資本等変動計算書」「勘定科目内訳明細書」です。また、決算書以外の添付書類として、「事業概況書」にも必要事項を記入して提出します。税額控除や軽減税率など、租税特別措置法の適用を受ける場合には、「適用額明細書」の添付も忘れないようにしましょう。

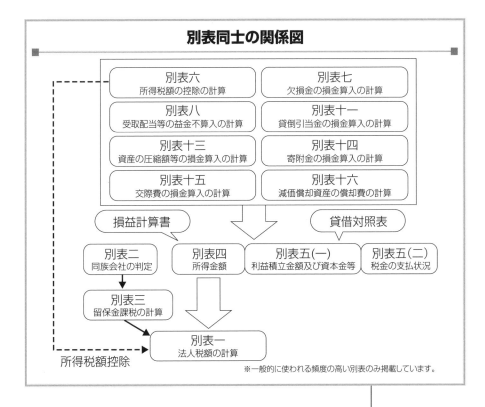

別表同士の関係図

別表六 所得税額の控除の計算	別表七 欠損金の損金算入の計算
別表八 受取配当等の益金不算入の計算	別表十一 貸倒引当金の損金算入の計算
別表十三 資産の圧縮額等の損金算入の計算	別表十四 寄附金の損金算入の計算
別表十五 交際費の損金算入の計算	別表十六 減価償却資産の償却費の計算

損益計算書　　　　　　　　　　　　　貸借対照表

別表二
同族会社の判定　別表四
所得金額　別表五(一)
利益積立金額及び資本金等　別表五(二)
税金の支払状況

別表三
留保金課税の計算

別表一
法人税額の計算

所得税額控除

※一般的に使われる頻度の高い別表のみ掲載しています。

■ 中間申告をするケース

　会社（法人）事業年度が6か月を超える場合には、その事業年度開始の日以降6か月を経過した日から2か月以内に中間申告をしなければなりません。中間申告には、次の2つの方法があります。

① 前年実績による予定申告

　前期事業年度の法人税の6か月換算額で申告する方法です。ただし、前期の法人税額×1/2が10万円以下の場合は予定申告納付の必要はありません。

② 仮決算による中間申告

　その事業年度開始の日から6か月の期間を一事業年度とみなして申告する方法です。

法人税と会社の利益の関係

利益が増えれば当然納税額も大きくなる

■ 健全経営と節税対策の両立

　会社としては、税金も「コスト」の一部と考えられ、1円で
も多くの節税が求められます。脱税は違法行為ではありますが、
「ムダな税金は一切払わない」という方針に沿った節税行為は
大いに結構なことです。

　会社は、通常1年間（3月決算会社であれば、4月1日〜翌
年3月31日）を会計期間として、その1年間の利益を計算し、
利益に対する法人税、法人住民税、法人事業税を納付しなけれ
ばなりません。

　法人税は、会社の確定した決算に基づく利益から計算した所
得に税率を掛けて算出されるため、納税額を減らすためには、
利益を少なく計上する必要があります。損益計算書における利
益の種類については前述しましたが、「売上総利益→営業利益
→経常利益→税引前当期純利益→当期純利益」の手順で最終的
な利益を計算することになります。

　したがって、利益を減らす方法としては、各段階の収益を減
らすか、費用を多くするかのいずれかを行うことになります。
ただし、納税額を少なくするために売上を減少または経費を増
大させた場合、会社自体の存続が危ぶまれる場合があります。
つまり、「コストを増大させるよりは売上を増大させる」対策
を考え、正しい納税を行う方法が健全な会社経営だといえます。

■ 税金を減らす方法

　ムダな経費を増やすことなく、税法の規定に沿って、本来損

税金の納付時期

税金の納付は、原則と
して決算後2か月以内
に行うため、納付に合わ
せて税金分の現金を用
意しておく必要がある。

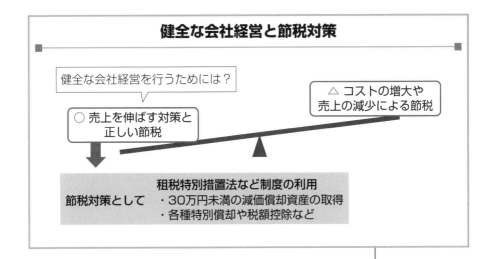

健全な会社経営と節税対策

健全な会社経営を行うためには？

○ 売上を伸ばす対策と
正しい節税

△ コストの増大や
売上の減少による節税

節税対策として 　　　**租税特別措置法など制度の利用**
　　　　　　　　　・30万円未満の減価償却資産の取得
　　　　　　　　　・各種特別償却や税額控除など

金にできないものを損金にする方法も効果的な節税対策です。具体的には、租税特別措置法の臨時的制度を利用することをいいます。たとえば、中小企業が取得価額30万円未満の減価償却資産を得た場合、取得価額の全額を経費とすることが認められています。本来であれば10万円以上の減価償却資産は資産計上し、耐用年数の期間に応じて減価償却費を計上するものを、臨時制度を利用すれば即時に償却することができます。

また、租税特別措置法には各種税額控除制度が規定されています。たとえば、特定の条件を満たす中小企業が、その事業基盤を強化するための一定の機械・装置や器具・備品を取得した場合、その取得価額の7％の税額控除が認められています。

なお、特別償却とは、特定の設備などを購入して使用した場合に、税法で定められたルールの通りに償却を行う普通償却に上乗せして償却をすることができる制度です。

各種の税額控除制度を効果的に活用することで、利益を減らさず、また経費を増やさずに税金だけを減らすことが可能になります。設備投資等を考える際、適用対象となる資産購入を検討することで、効果的な節税対策につながるといえるでしょう。

租税特別措置法
経済政策や社会政策のために特別な税のしくみ（措置）を定めた法律。政策的な効果を考えた法律であるため、期限が存在する。

減価償却資産
建物や機械設備など、少なくとも1年以上にわたり使用し、年月が経過するにつれて価値が目減りしていくもの。

住民税・事業税

法人税と同様に法人の利益に基づいて課される税金

■ 住民税と事業税

　法人税と同様に、毎年の決算によって算定された利益額に基づいて課される税金として、法人住民税と法人事業税があります。決算書の税引前当期純利益の下に「法人税、住民税及び事業税」がありますが、これは前述した法人税と、この法人住民税と法人事業税の合計額が計上されることになります。

■ 法人住民税とは

　会社が納める住民税を法人住民税といいます。原則としてその都道府県・市区町村に事務所・事業所・寮等を有している会社が納める税金です。法人住民税には、下記の2つがあります。

① 法人税割

　原則として国に納付する法人税額を基礎として課税されるものです。税率は、地方公共団体ごとに、「標準税率」（税率を定める場合に通常よるべきものとされている税率）と「制限税率」（最高税率のこと）の範囲内で定められています。国に納付する法人税額にこの税率を掛けて、税額が決まります。

② 均等割

　法人の所得が黒字、赤字を問わず資本金や従業員数等に応じて課税されるものです。道府県民税が最低2万円から5段階、市町村民税が最低5万円から10段階に金額が分かれています。

■ 法人住民税の申告納付期限について

　法人住民税も法人税と同様に申告納税制度によりますので、

住民税の法人税割の税率

標準税率は、道府県民税が1.0%、市町村民税が6.0%となっている。

複数の地域に営業所がある場合

複数の都道府県や市区町村に営業所などがある場合には、次のように法人税割を計算する。まず、当期の法人税額を各営業所の従業員の数で按分する。そして、各地方公共団体で定める税率をそれぞれ按分した法人税額に掛けて法人税割を求める。均等割については、営業所が所在するそれぞれの都道府県や市区町村の定める均等割を納める。

法人住民税の概要

法人住民税	道府県民税	均等割額	資本金・従業員数等に応じて課税
		法人税割額	法人税額を基礎として課税
	市町村民税	均等割額	資本金・従業員数等に応じて課税
		法人税割額	法人税額を基礎として課税

「確定申告書」を作成し、提出しなければなりません。

申告納付期限は、法人税と同様、各事業年度終了の日の翌日から2か月以内です。ただし、申告期限については、会計監査人の監査を受けるなどの理由で2か月以内に決算が確定しない場合には、事業年度終了の日までに申請書を提出すれば、原則として、1か月間申告期限を延長できます。

また、会計監査人を置いている場合で、かつ、定款で事業年度終了日の翌日から3か月以内に決算に関する定時総会が開催されない定めになっている場合には、決算日後最長6か月まで申告期限が延長可能になっています。

なお、納税については、通常の申告納付期限である2か月を超えて納税をした場合、別途利子税がかかります。

■ 法人住民税の中間申告

法人住民税は、法人税と同様に中間申告制度が設けられています。事業年度が6か月を超える法人については、事業年度開始の日以後6か月を経過した日から2か月以内に中間申告書を提出し、住民税を納付する必要があります。

中間申告の方法についても、法人税と同様に「仮決算」と「予定申告」の2種類の方法があります。

■ 法人事業税とは

　都道府県に事務所・事業所または国内に恒久的な施設を有し、事業を行う法人に課税されるもので、法人が都道府県から受けるサービスの経費の一部を負担する性格の税金です。法人事業税が課税される根拠としては、法人がその事業活動を行うために、都道府県の各種行政サービスを受けていることから、これらに必要な経費を分担すべきであるという考え方に基づいています。法人事業税が法人税や法人住民税と異なるのは、その税金を支払った場合には、一般の経費と同様に損金処理が認められていることです。

　法人事業税は、国内で事業を行う法人に課税されますが、国・都道府県・市区町村・公共法人には課税されません。また、公益法人等の公益事業に関する所得については、法人事業税が課税されませんが、公益法人等の収益事業については、普通法人と同じように法人事業税が課税されます。

　法人事業税の課税標準は、電気供給業・ガス供給業・生命保険事業・損害保険事業を行う法人については、その法人の各事業年度の収入金額（収入割）が、それ以外の事業を行う一般の法人については、各事業年度の所得金額（所得割）が課税標準となります。法人事業税の課税標準である各事業年度の所得金額は、法人税申告書「別表四」の「総計」の所得金額に一定の金額を加減算して求め、その所得金額に税率を乗じて法人事業税を計算します。

■ 外形標準課税とは

　外形標準課税とは、事業所の床面積や従業員数、資本金の額などの客観的に判断できる基準をもとに課税される税金です。法人事業税は、資本金または出資金が１億円を超える法人等（公益法人や一般社団法人などの一定の法人を除く）に対して、法人の所得に基づき課税される所得割とは別に、このような外

事業税の所得割の税率

事業税の所得割の税率標準税率は、外形標準課税が適用されない資本金1億円以下の法人の場合は、所得のうち年400万円以下の金額については3.5％、年400万円 超800万円以下の金額については5.3％、年800万円超の金額については7.0％となっている。また、特別法人事業税として、所得割額からさらに37％を掛けた額も納める必要がある。

法人事業税の種類

資本または出資金が 1億円以下の法人等	資本または出資金が 1億円を超える法人等		
所得割のみ	所得割	付加価値割	資本割

※電気供給業・ガス供給業・生命保険事業・損害保険事業を行う法人などについては、所得割に
代わり収入割

形標準課税が課されます。つまり、外形標準課税は、利益を基
準に課されるものではないため、赤字企業にも税負担が発生す
ることになります。ただし、外形標準課税は、収入金額を事業
税の課税標準とする法人（電気・ガス事業者などど）及び公益
法人、投資法人、特定目的会社には適用されません。

外形標準課税は、付加価値額に税率を掛けた付加価値割と、
資本金等に税率を掛けた資本割の2つから構成されます。なお、
外形標準課税が適用される法人が、それが適用されない法人と
比較して税負担が大きくならないように、両者に適用される所
得割の税率はそれぞれ異なります。

**外形標準課税の
付加価値額**

単年度損益と給与・支
払利子・支払賃借料な
どの合計額。

**外形標準課税の
資本金等**

基本的には資本金と資
本準備金の合計額。

■ 法人事業税の申告納付期限について

法人事業税も法人税や法人住民税と同様、申告納税制度によ
りますので、確定申告書を作成して申告納付しなければなりま
せん。申告納付期限は、法人税と同様、各事業年度終了の日の
翌日から2か月以内です。

■ 法人事業税の中間申告

中間申告納付についても、法人税や法人住民税と同様、その
事業年度開始の日から6か月を経過した日から2か月以内に申
告納付しなければなりません。この申告方法にも、法人税と同
様に「予定申告」「仮決算」の2つの方法があります。

消費税

消費者から預かった税金を事業者が申告する

消費税は間接税

店や会社などの事業者が消費者の代わりに徴収して納めるような、税の負担者が直接納付せず、負担者以外の者が納付するしくみの税金を間接税という。

■ どんな税金なのか

消費税とは、「消費をする」という行為に税を負担する能力を認め、課される税金です。税金は、消費者から商品やサービスの代金と一緒に徴収されます。消費者から徴収された消費税は、徴収した店や会社が納付することになっています。

消費税の税率は、国税7.8％および地方消費税2.2％で合計10％です。ただし、一定の飲食料品及び新聞については軽減税率として国税6.24％および地方消費税1.76％で合計8％です。

■ 納税義務者と課税期間

税金を納める義務のある者のことを「納税義務者」といいます。消費税の納税義務者は、「事業者」と「外国から貨物を輸入した者」です。「事業者」とは、個人で商売を営む経営者や会社など、事業を行う者のことです。ただし、一定要件を満たす小規模の会社や個人経営者については、消費税を納付する義務がありません。消費税を納める義務がある事業者のことを課税事業者、消費税を納める義務がない事業者のことを免税事業者といいます。

課税期間とは、消費税を申告するための計算単位となる期間のことをいいます。個人の場合は1月から12月までの暦年、法人の場合はその法人が決めた会計期間の期首から期末までの一事業年度が、課税期間です。「課税事業者」は、この課税期間中に行った取引について、納めるべき消費税を計算して納付します。

課税期間の短縮

一定の手続きを行うことにより、特例として課税期間を3か月間または1か月間ごとに短く区切ることができる。これを課税期間の短縮という。

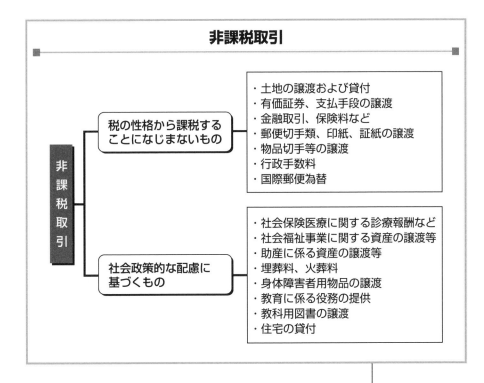

非課税取引

**税の性格から課税する
ことになじまないもの**

- ・土地の譲渡および貸付
- ・有価証券、支払手段の譲渡
- ・金融取引、保険料など
- ・郵便切手類、印紙、証紙の譲渡
- ・物品切手等の譲渡
- ・行政手数料
- ・国際郵便為替

**社会政策的な配慮に
基づくもの**

- ・社会保険医療に関する診療報酬など
- ・社会福祉事業に関する資産の譲渡等
- ・助産に係る資産の譲渡等
- ・埋葬料、火葬料
- ・身体障害者用物品の譲渡
- ・教育に係る役務の提供
- ・教科用図書の譲渡
- ・住宅の貸付

非課税取引

■ どんな取引に消費税が課されるのか

　消費税の課税対象となる消費行為とは、①「国内において」、②「事業者が事業として」、③「対価を得て（代金を受け取ること）行う」、④「資産の譲渡等」と定められています。また、インターネットなどを介して、国内の事業者や消費者に対して行われる、電気通信利用役務の提供（電子書籍・音楽・広告の配信等のサービスの提供）については、国外で提供が行われたとしても国内取引として消費税が課されます。

　上記①～④のうちいずれか1つでも当てはまらないような取引は、不課税取引として消費税が課されません。

　また輸入取引にも、税関から国内に持ち込まれる外国貨物については消費税が課されます。反対に国外へ輸出する貨物等については、消費税が免除されます。

**輸出についての
消費税の免除**

日本国内で消費されたもののみに課税し、国際間の二重課税を防ぐために免除される。

■ 消費税が課税されない取引もある

　消費税が課されない取引もあります。消費税の課税対象にな
る取引のうち、その性格上課税することが適当でない、もしく
は医療や福祉、教育など社会政策的な観点から課税すべきでは
ない、という大きく分けて2つの理由により、消費税が課され
ない取引があります。本来は課税取引に分類されるべきですが、
特別に限定列挙して課税しないという取引です。これらの取引
を非課税取引といいます。非課税取引の具体的な内容は図（前
ページ）の通りです。

■ 納付税額はどのように計算するのか

　事業者が納付する消費税額は、課税期間中に消費者から徴収
した消費税から、事業者自身が負担した消費税額を差し引いて
計算します。つまり、消費税を計算するためには、「徴収した
消費税額」と「負担した消費税額」の2つの要素が必要だとい
うことです。

　納付税額の計算方法には、「原則課税」と「簡易課税」とい
う大きく分けて2つの方法があります。原則課税では、一課税
期間中の売上に含まれる消費税額から、仕入に含まれる消費税
額を控除した残額が納付税額になります。課税取引に分類され
る売上と仕入をそれぞれ集計し、それぞれに含まれる消費税額
を計算により割り出すというイメージです。

■ 簡易課税制度とは

　簡易課税制度とは、消費税の計算をより簡便な方法で行うこ
とのできる制度です。ただし、前々年度の課税売上高が5000万
円以下であるなど、一定要件を満たす事業者にのみ適用されま
す。簡易課税制度では、売上に対する消費税のうち何割かは仕
入として控除すべき金額が含まれているという考え方をします。
業種ごとに「みなし仕入率」が定められており、仕入に含まれ

消費税の会計処理方式

税込経理方式とは、帳簿上本体価格と消費税額を含めた額で取引を表示する方法のこと。税抜経理方式とは、帳簿上本体価格と消費税額を「仮受消費税等」「仮払消費税等」とその都度分けて表示する方法のこと。
いずれを選択するかは、会社の任意であるが、法人税や所得税法上の規定の適用上、税抜経理の方が有利な場合がある。なお、令和3年4月1日以降開始する事業年度より適用される「収益認識に関する会計基準」では、税抜経理が原則的な処理となる。

消費税の確定申告・納付

個人事業者 ------- 翌年の3月末日

法　人 ------- 課税期間の末日の翌日から2か月以内

消費税の中間申告・納付（国税）

直前の確定消費税	中間申告の回数	中間納付税額
48万円以下	中間申告不要	———
48万円超400万円以下	年1回	直前の確定消費税額 × $\frac{1}{2}$
400万円超4800万円以下	年3回	直前の確定消費税額 × $\frac{1}{4}$
4800万円超	年11回	直前の確定消費税額 × $\frac{1}{12}$

る消費税額の計算は、その事業がどの業種に属するかを分類することで済ませることができます。したがって、課税仕入、非課税仕入の分類などの煩雑な作業を省略することができます。

■ 消費税はどのように申告・納付するのか

消費税の課税事業者になった場合は、税務署に消費税の確定申告書を提出し、申告期限までに消費税を納付しなければなりません。法人の申告期限は、課税期間終了後2か月以内、個人の場合は原則として翌年の3月31日です。ただし課税期間を短縮する特例を受けた場合には、申告期限は課税期間終了後2か月以内となります。

なお、直前の課税期間分の消費税額が一定金額を超えた場合、次の課税期間では中間申告をしなければなりません。中間申告とは、進行中の課税期間の確定消費税額を概算で見積もり、前もってその一部を申告・納付する事をいいます。

みなし仕入率

みなし仕入率の割合は以下の通り。
第1種事業（卸売業）：90%
第2種事業（小売業）：80%
第3種事業（製造業等）：70%
第4種事業（第1種～第3種、第5種、第6種事業以外の事業）：60%
第5種事業（運輸通信業・飲食店業に該当するものを除くサービス業・金融業・保険業）：50%
第6種事業（不動産業）：40%

Column

税務のルール

　法人税、住民税、事業税などの税金は、会計基準とは異なり、法人税法などの法令を根拠にしてその計算方法が定められています。また、より詳細な規定として「法人税法」などの法令の他に、国税の一般法令や徴収に関する「国税通則法」「国税徴収法」、特例法としての位置付けである「租税特別措置法」、内閣や大臣が政令・省令として発する「施行令」「施行規則」、そして国税局や税務署での内部規定として法令の解釈や税務実務で運用する際に適用される「基本通達」「個別通達」など、多義にわたります。

　もちろん、税務においてはこれらの規定等を体系的に知っておいておいた方が望ましいですが、各条文などは読むだけでも難解なものが多く、また規定自体も多数に及ぶため、理解までのハードルがかなり高いというのが実情です。

　しかし、国税に関しては、国税庁のウェブサイトで公表されている「タックスアンサー（よくある税の質問）」で、法人税、所得税、相続税などの法令ごとに、税務実務でよく検討される個別論点について丁寧に説明や解説がされているため、自分が興味を持つテーマや実務に直面している箇所について読むだけでも、税務の基本的な知識をかなりカバーすることができます。また、国税不服審査所のウェブサイトでは、過去の税務調査などで争われた裁決事例が載っており、ここでは税務を理解する上での立法趣旨や法令の解釈などが載っており参考になります。

　税理士などの専門家に税務相談を行う場合であっても、これらにより基本的な知識を事前に備えておくことが重要です。そうすることで、相談依頼者と税理士との間での事実認定や税務法令のあてはめなどに関して、相互の認識の行き違いを防止することにもつながり、税務上の判断もより妥当なものへと導くことになるでしょう。

PART 7

その他
知っておきたい
関連知識

原価計算

原価計算によって正確な原価を計算する

■ 原価計算をすることでどんなことがわかるのか

　原価計算には標準原価計算と実際原価計算がありますが、一般的には標準原価計算が採用されています。標準原価計算とは、材料費などの費用の単価や数量について標準の値を決めておき、それらと生産実績に基づいて原価を計算する方法です。そして期末において実際の原価発生額と比較し、差額を売上原価または棚卸資産に適切な基準に基づいて配賦します。こうすることで、損益計算書の売上原価を実際の原価発生額に置き換えるのです。

　原価計算をすることにより、まず、その年度における正確な原価の金額がわかります。原価はさまざまな要素により構成されていますが、原価計算により正確な原価を計算でき、利益を導くことができるのです。また、原価計算の実績から製品のコストを予想することができるため、売価の設定に役立つということがあります。これにより、将来の販売計画や利益計画を策定したり、予算を組んだりすることができます。

■ 原価計算とはどんな作業なのか

　原価は、材料費、労務費、経費の３つに区分されます。材料費は製品の製造のために消費された物品の費用、労務費は製品の製造に関わる従業員の給料や福利厚生費など、経費は材料費と労務費以外の費用のことで、製品の製造に要した水道光熱費や燃料費などを含みます。これらの３つの分類ごとに原価を集計し、当期中の製品の製造にかかった費用を計算します。ただ

原価計算の流れ

材料費 … 製品の製造のために消費された物品の費用。

労務費 … 製品の製造に関わる従業員の人件費。
賃金、給料、賞与、福利厚生費など。

経費 … 材料費と労務費以外の費用。
製品の製造に要した水道光熱費、燃料費、
工場の賃借料など。

※このような原価の分類方法を形態別分類という。

し、当期に発生した製造費用の中には、まだ製品として完成していないものも含まれています。完成していない製品の製造原価は、仕掛品として棚卸資産に計上されることになります。さらに当期に完成した製品の製造原価であっても、当期に売り上げることができなければ当期の売上原価にはなりません。売れ残った製品の原価は、製品として棚卸資産に計上されます。

このように棚卸資産として計上された原価は、販売された期の売上原価に含まれることになります。当期の売上原価に含まれるためには、当期中の製造にかかった費用であるかどうかにかかわらず、当期において売り上げられた製品の原価である必要があるのです。

■ 原価計算において経理はどんな役割をするのか

経理の仕事には、出納業務や給与計算などさまざまなものがありますが、原価集計業務もその仕事のひとつです。標準原価計算を行っている場合は、実際原価と標準原価の差額（原価差異）を分析することで、生産性の向上に貢献することも経理の業務に含まれます。また、原価差異を売上原価と棚卸資産に割り当て、実際の原価に置き換えるという作業もします。

PART7
2
製造原価報告書

製造原価は材料費、労務費、外注費及び製造経費から構成される

その他
知っておきたい
関連知識

■ 製造原価とは

　卸売業や小売業などのように仕入れた商品を、そのまま販売する会社の場合は、売上総利益（粗利）の計算は簡単です。たとえば、今期の売上高が10万円で、その商品の仕入価額（売上原価）が9万5000円であれば、儲けである売上総利益は、10万円から9万5000円を差し引いた5000円ということになります。

　しかし、製造業などの場合は、小売業などのように仕入れた商品をそのまま売るわけではありませんから、売上総利益の計算も少し複雑になります。製造業の場合、通常、原材料などを仕入れ、それを加工して製品を作り上げます。そして、その製品を販売して利益を稼ぎだすというシステムになっています。そのため、製造業などの場合、会社の儲けである売上総利益は、その会社の製品の売上高から、その製品を作り上げるまでにかかった総費用（原価）を差し引いて求めることになります。この原価のことを製造原価といいます。製造業などの場合は、「仕入原価」ではなく製品の「製造原価」を計算しないと儲けである売上総利益が計算できないことになります。

　製品を作る場合には、原材料、労力、機械・工具、動力（電気・燃料など）などが必要となりますが、これらのものが実際にいくらかかったのかをまとめたものが製造原価報告書です。

　製造原価は、材料費、労務費、外注費、製造経費から構成されています（185ページ）。以下、主な製造原価について、簡単にその内容を確認しておきましょう。

　まず、材料費は、はじめ（期首）にあった材料費（期首材料

製造原価報告書

当期に発生した製品の製造原価を計算するもの。商品販売の当期商品仕入高に相当するものが、製品販売での当期製品製造原価にあたる。当期製品製造原価に期首と期末の製品棚卸高を加減算したものが当期の製品の売上原価となる。

182

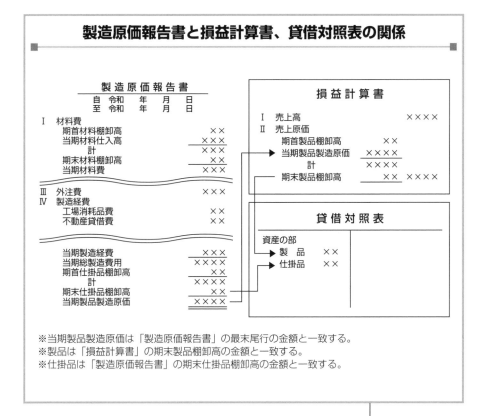

製造原価報告書と損益計算書、貸借対照表の関係

製造原価報告書

自 令和　年　月　日
至 令和　年　月　日

Ⅰ　材料費
　　期首材料棚卸高　　　　　　　　××
　　当期材料仕入高　　　　　　　×××
　　　計　　　　　　　　　　　　×××
　　期末材料棚卸高　　　　　　　　××
　　当期材料費　　　　　　　　　×××

Ⅲ　外注費　　　　　　　　　　　×××
Ⅳ　製造経費
　　工場消耗品費　　　　　　　　　××
　　不動産賃借費　　　　　　　　　××

　　当期製造経費　　　　　　　　×××
　　当期総製造費用　　　　　　　××××
　　期首仕掛品棚卸高　　　　　　　××
　　　計　　　　　　　　　　　　××××
　　期末仕掛品棚卸高　　　　　　　××
　　当期製品製造原価　　　　　　××××

損益計算書

Ⅰ　売上高　　　　　　　　　　　××××
Ⅱ　売上原価
　　期首製品棚卸高　　　　　　　　××
　　当期製品製造原価　　　　　　××××
　　　計　　　　　　　　　　　　××××
　　期末製品棚卸高　　　　　　　　××　××××

貸借対照表

資産の部
　　製品　　××
　　仕掛品　　××

※当期製品製造原価は「製造原価報告書」の最末尾行の金額と一致する。
※製品は「損益計算書」の期末製品棚卸高の金額と一致する。
※仕掛品は「製造原価報告書」の期末仕掛品棚卸高の金額と一致する。

棚卸高）に当期に新たに仕入れた材料費（当期材料仕入高）を
プラスして、さらに、その期の最後（期末）に残った材料費
（期末材料棚卸高）をマイナスすることによって求めます。こ
れが当期の製品製造に投入した材料費というわけです。

　次に、労務費は、その会社における製品の製造のために工場
（現場）で働く人（工員）の賃金・賞与・アルバイト代（雑給）
やその工員にかかる法定福利費、福利厚生費などの人件費のこ
とです。

　外注費は、その会社の製品の製造工程の一部について、自社
ではなく、下請業者などの他社に加工などを委託（外注）した
場合の費用です。

製造経費には、前述した経費の他のさまざまな経費があります。たとえば、工場消耗品費は、工場（現場）で使用する工具などの購入にかかる経費です。不動産賃借料は工場の敷地及びその工場の賃借料です。機械装置賃借料はその工場で使用している機械の賃借料（リース料も含む）です。電力料、燃料費、水道料はその工場でかかる光熱費、工場の電気代、機械の燃料費のことです。修繕費は工場または機械の修繕にかかった費用です。減価償却費はその工場そのもの、または機械にかかる減価償却費です。その他にも多くの経費がかかっています。

■ 仕掛品とは

当期にかかった材料費、労務費、外注費、製造経費の合計額が、「当期総製造費用」になります。これにさらに「期首仕掛品棚卸高」と「期末仕掛品棚卸高」をプラスマイナスして「当期製品製造原価」を構成しています。

仕掛品とは、製造途中にある製品、つまり生産工程にのっているがまだ完成には至っていないものや、作業現場で製造途中の製品のことをいいます。原材料をいくらかでも加工したのであれば仕掛品として考えます。仕掛品は半製品と混同しがちですが、半製品とは異なり、仕掛品は、それ自身での販売や、交換価値を見込めないものをいいます。勘定科目としての仕掛品は、貸借対照表の「資産の部」に表示されることになります（183ページ図参照）。

期首の仕掛品や期末の仕掛品は、完成品ではありませんので、完成品である製品の製造原価と同じ金額ではないはずです。そのため材料費は数量按分、加工費などはその仕掛品の進捗度、つまり完成度合いを求めて、その進捗割合（完成品を100％とした場合の％）を製品の製造原価に掛けて仕掛品の金額を計算するのが一般的です。完成品の何％で仕掛品を評価するかを決めなければ「当期製品製造原価」が求められないわけです。

製造原価報告書

製　造　原　価　報　告　書
自　令和　　　年　　　月　　　日
至　令和　　　年　　　月　　　日

Ⅰ　材料費		
期首材料棚卸高	××	
当期材料仕入高	×××	
計	×××	
期末材料棚卸高	××	
当期材料費		×××
Ⅱ　労務費		
賃金	××	
賞与	××	
雑給	××	
退職給付費用	××	
法定福利費	××	
福利厚生費	××	
当期労務費		×××
Ⅲ　外注費		×××
Ⅳ　製造経費		
工場消耗品費	××	
不動産賃借料	××	
機械装置賃借料	××	
電力料	××	
燃料費	××	
水道料	××	
交際費	××	
旅費交通費	××	
通信費	××	
修繕費	××	
支払保険料	××	
租税公課	××	
減価償却費	××	
雑費	××	
当期製造経費		×××
当期総製造費用		××××
期首仕掛品棚卸高		××
計		××××
期末仕掛品棚卸高		××
当期製品製造原価		××××

経費の種類と管理方法

• •

経費の適切な管理が利益を左右する

■ 経費の分類方法

　経理の主要業務には、日常的に発生する経費の支払があります。経費には、取引が発生するたびに現金で支払う場合もあれば、銀行口座からの自動引落、1か月分ごとにまとめて銀行振込を行う場合もあります。これらの経費を効果的に分類することで、経費の管理が適切に行うことができます。

　経費の分類方法には、形態別分類（費目別分類）と機能別分類があります。形態別分類とは、経費の性質やその発生形態に基づく方法で、機能別分類とは、経費が有する機能に基づく方法です。実務上は、さらに予算管理目的や部門管理目的、利益計画目的などから成る経営管理目的のための分類や、税法上の適正な課税所得計算目的の分類などがあります。

■ 経費をどのように管理するか

　事業を遂行する主な目的は、収益から費用を差し引いた利益をより多く獲得することです。利益を上げるためには、収益を増加もしくは費用を減少させることが必要です。利益を上げるための経費の管理方法として主に次の2つがあります。

　一つは、経費を変動費と固定費に区分することです。「利益＝ゼロ」、つまり「売上＝変動費＋固定費」となる状態の売上高を基準にして、いかに変動費を削減できるかがポイントになります。もう一つは、主に固定費を管理する方法として、経費を管理可能費と管理不能費に区分して、それぞれの特性に応じて全社的に経費の管理や削減を行っていきます。

**形態別分類・
機能別分類**

形態別分類とは、材料費、労務費（人件費）、経費といった費目（勘定科目）別に分類する方法である。
機能別分類とは、売上原価、販売費、一般管理費といった財務諸表に表示するために分類する方法である。

**管理可能費・
管理不能費**

管理可能費とは、旅費交通費、交際費、光熱費、広告宣伝費などの責任者が増減を管理できる権限を持つ費用のこと。
管理不能費とは、法定福利費、租税公課、減価償却費などの人員・法令・契約などで発生額がほぼ決まっており、増減をコントロールできない費用のこと。

売上高	変動費		
	限界利益	固定費	
		営業利益	

■ 固定費・変動費とは

　固定費とは、売上高や生産数量の増減に左右されないで一定に発生する費用であり、売上がゼロであったとしても発生する費用です。固定費が少なければ、会社は売上減少時の費用負担の影響を抑えることができます。一方、変動費とは、売上高や生産数量の増減に応じて変動する費用のことで、商品の売上原価や、製造業における材料費や外注加工費などが該当します。この変動費を売上高で割ったものを変動費率といいます。

■ 限界利益とは

　限界利益とは、売上の増加に比例して発生する変動費を売上高から差し引いて求められる利益のことで、単位当たりの売上高から売上に直接要した費用を差し引いた額です。

　限界利益から商品販売にかかった人件費や広告宣伝費、地代家賃、減価償却費などの固定費を差し引くことで、すべての費用を加味した営業利益が求められます。また、収益性は売上高の金額ではなく限界利益の金額で判断されるため、限界利益は会社の儲けの基本となる値だといえます。

限界利益

1個1,000円で仕入れた商品Aを1,200円で販売した場合、売上高は1,200円、変動費は仕入代金の1,000円となり、限界利益は200円となる。
また、売上高が2,000円、売上高に対する変動費が1,900円の商品Bの場合、限界利益は100円となる。つまり、限界利益が200円の商品Aの方が、売上高が高い商品Bより収益性が高いといえる。

損益分岐点

「変動費」と「固定費」から限界利益を出す

■ 損益分岐点とは

　企業が利益を獲得するには、「粗利益が販売費及び一般管理費などのコストを上回ればよい」ということになります。ここで重要なのが、黒字になるように目標を設定し、利益計画を立てるということです。利益計画に利用されるのが、「損益分岐点」を使った分析方法です。

粗利益

商品などを売ることにより直接得た利益のこと。売上総利益と同義。

　損益分岐点とは、損失が出るか利益が出るかの分かれ目となる売上高または製産数量のことをいいます。つまり、売上高と費用が同じ、利益も損失も発生しない金額のことで、発生した費用を回収できる売上高です。

　損益分岐点を分析することで、経営者は目標利益を達成するためには、どの程度の売上高が必要になるのか、またはコストはどの程度に抑えるべきかを見きわめることができます。このように損益分岐点を分析することで、企業は経営計画を立てることができます。損益分岐点分析をする場合、まず企業のコストを前述した「変動費」と「固定費」に分類します。この分類は損益計算書の売上原価、販売費及び一般管理費について行います。そして次の算式によって、損益分岐点売上高、つまり利益がちょうどゼロとなるような売上高はいくらであるかを求めます。それを上回れば利益（黒字）になるというわけです。

損益分岐点売上高③＝固定費／｛1－（変動費÷売上高①）｝
　＝固定費／（1－変動費率）
限界利益率＝（1－変動費率）②

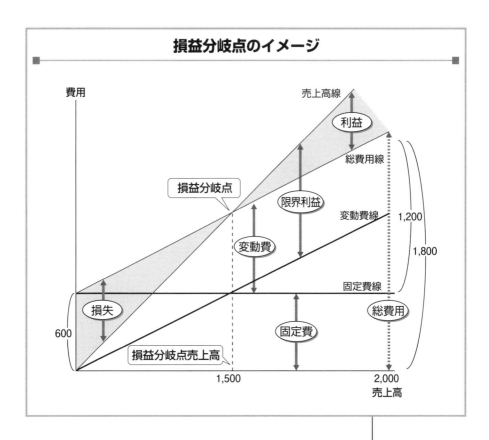

損益分岐点のイメージ

費用

売上高線

利益

損益分岐点

限界利益

総費用線

変動費線

1,200

変動費

1,800

固定費線

損失

固定費

総費用

600

損益分岐点売上高

1,500

2,000

売上高

算式の表わす内容について解説していきましょう。

たとえば、販売する商品は1種類、売上に対する変動費は商品の仕入のみ、それ以外の経費はすべて固定費であったとします。この場合、①の「変動費÷売上高」とは、売値に対する原価の占める割合、つまり原価率ということになります。そして、②の限界利益率（「1－変動費率」）とは、言いかえると「1－原価率」、つまり商品1個当たりの利益率（以下「利益率」）ということになります。要するに③の損益分岐点売上高は、「固定費÷利益率」で算出されるというしくみです。

固定費の金額を低く抑えれば、損益分岐点売上高も低くなります。つまり、黒字にもっていくための目標売上高のハードル

も下がり、達成しやすくなるというわけです。また、利益率についても同じことがいえます。

　利益率が高い付加価値の多い商品であれば、すぐに固定費を上回ることができますし、反対に利益率が低いと損益分岐点売上高の金額も高くなり、目標達成が厳しくなります。

■ 損益分岐点の計算

　ここでは具体的に「損益分岐点」を計算してみましょう。たとえば、売上高が2000万円、変動費が1200万円、固定費が600万円、利益200万円の会社があったとします。

　まず変動費率は以下のようになります。

　1200万÷2000万＝0.6。限界利益率は1－0.6=0.4。

　そこで損益分岐点売上高は600万÷0.4=1500万円となります。

　このように、「損益分岐点」は上記の算式で求められますが、グラフ（前ページ図参照）を作成することで、「売上高」「コスト」「利益」の関係がより明らかになります。

　まず、横軸に売上高をとり、縦軸にコストをとります。そして斜めに45°の斜線を引きます。この斜線は、売上高と費用が同じ、つまり「トントン」の状態であるという事を意味します。そして固定費として縦軸の600万円のところに平行線を引きます。固定費の額は、売上高が上がっても変わらないと考えられますので、平行線になります（前ページ図参照）。

　次に売上高2000万円のところから垂直線を引き、固定費の上に1200万円分の変動費をとります。その点と600万円の線を直線で結びます。そしてその直線と斜線が交わる点が損益分岐点となります。この場合の損益分岐点は1500万円となります。上記の計算式で計算しても同じ結果になるはずです。

　つまり、売上高が1500万円の時は、損益がトントンの状態です。売上高が1500万円より少ない場合は損失が生じ、1500万円を上回る場合は利益が生じます。

損益分岐点の管理
実際の売上高が損益分岐点売上より少なければ赤字になるが、その改善にあたっては、基本的には①販売単価を増やす、②販売数を増やす、③変動費を減らす、④固定費を減らす、ということになる。しかし、たとえば固定費を減らせないのであれば、その製品の生産自体を見直して新たな製品を投入するなどの、抜本的な改革や意思決定に導くヒントを提供するのが管理会計の役割でもある。

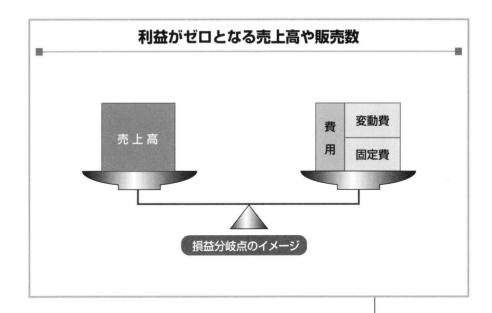

利益がゼロとなる売上高や販売数

売上高

費用 | 変動費 / 固定費

損益分岐点のイメージ

■ 目標達成に必要な売上金額の計算

これまでの説明は「利益を出すには売上はいくら必要か」という計算でしたが、これを応用すれば「利益を200万円出すにはいくらの売上高があればよいか」というように、最初に目標利益を設定してから、目標達成に必要な売上金額を計算することもできます。その計算方法とは、「固定費＋目標利益」を限界利益率で除すという方法です。

たとえば前述の具体例と同じ固定費600万円、目標利益を200万円、限界利益率0.4であるとすると、目標達成に必要な売上高は、（600万円+200万円）÷0.4＝2000万円となります。

つまり、2000万円の売上を達成すればコストを引いた後の利益が200万円になります。

> 目標達成に必要な売上高 ＝ （固定費+目標利益）÷限界利益率

月次決算

・・・・・・・・・・・・・・・・・・・・・・・・・・・・・・・・・・・・・・・
予算計画の検証のための基本資料になる

■ 毎月の経理で行われる仕事の流れをつかむ

月単位に行う経理の仕事のスケジュールは、会社の実情に合わせて月の前半、中頃、後半、経理部門以外の他部署や取引相手の都合などに合わせていくつかの時期に分かれます。また、月単位で行う仕事のスケジュールは、会社の決算期によって基本的な内容が変わるものではありません。

月単位で行う経理の仕事で最も大切なのは、月次決算です。月次決算とは、月ごとの会社の決算のことです。前の月1か月の会社の業績やお金の動きをまとめる作業で、経理担当が毎月行わなければならない重要な仕事です。具体的には、月の前半に帳簿の締切、試算表の作成、月次決算書の作成、資金繰り表の作成などを行います。さらに、月の中頃には、作成した決算書をもとに予算計画と事業の実績を比べて分析した結果と一緒に経営陣に報告を行います。

月次決算の他に、月の前半には社員の源泉所得税の納税（毎月10日まで）、後半には、給与計算および支給、社会保険料の納付などの作業があります。また、取引先への請求書の作成および送付もあります。これは、取引先の締め日に応じて行います。

■ 月次決算はなぜ大切なのか

会社は、利益の追求、つまりお金儲けを目的にした組織です。経営陣は、この会社をどのように動かしていけば、より多くのお金を儲けられるかを考え、それに基づいて行動します。そして、この会社をどのように動かすかを考えることを「予算計画

月次決算の他に、経理には月間を通じて行わなければならない大事な業務として、資金繰りがある。会社が製品やサービスを提供しても、相手から代金を受けるのが翌月以降になってしまうことはよくある。しかし、取引先への支払いや給与は、必要なときに現金が手元になければならない。取引先への支払いや社員への給与の支払いには現金が必要となる。経理担当は、このような現金の確保にも常日頃から注意を払う必要がある。

締め日

経理を行う上で金額を計上する締切の日。

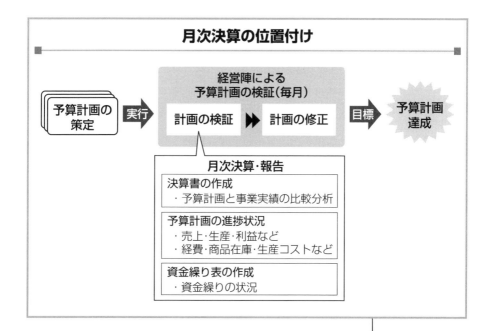

月次決算の位置付け

予算計画の策定 → 実行 →

経営陣による
予算計画の検証(毎月)

計画の検証 ▶ 計画の修正

→ 目標 → 予算計画達成

月次決算・報告

決算書の作成
・予算計画と事業実績の比較分析

予算計画の進捗状況
・売上・生産・利益など
・経費・商品在庫・生産コストなど

資金繰り表の作成
・資金繰りの状況

を策定する」といいます。

　予算計画は、新しい事業年度が始まる前の2か月程度前に策定作業を行います。ただ、策定した計画が実際に計画通りに進むという保証はどこにもありません。そこで、予算計画が策定した通りに進んでいるか、逆に進んでいなければどう修正すればよいのかを一定の期間ごとに検証する必要があります。月次決算は、この検証を行うための基本資料になります。経営陣は、月次決算の報告をもとに、毎月、予算計画の検証を行い、年度が終了した時には、予算計画が達成されるように経営の舵をとっているのです。

　また、月次決算では、予算計画の進捗の度合いについても報告することになります。売上、生産、利益は予定通りに進んでいるかを商品や事業部門別に分けて報告します。さらに、経費の支出面、商品在庫、生産コストに問題はないかといった点もまとめておきます。「資金繰りは大丈夫か」といったことも報

月次決算の活用

経営陣は、月次決算の報告をもとに、毎月、予算計画の検証を行い、年度が終了した時には、予算計画が達成されるように経営の舵をとっているといえる。

告できるようにしておかなければなりません。

■ 月次決算の準備

仕訳帳

日付ごとにすべての取引を記した帳面のこと。

月次決算の手順は、年度末の決算ととくに変わるわけではありません。まず、会計伝票の内容を仕訳帳に転記します。そして、転記が完了した仕訳帳の内容を、さらに総勘定元帳と補助簿へ転記（46、47ページ）します。さらに、総勘定元帳の内容を試算表に転記（90〜93ページ）し、その上で試算表をもとに決算書を作成（108、109ページ）します。

補助簿はとくに作成が義務付けられているわけではありませんが、総勘定元帳の記載に漏れ落ちがないかを確認するために必要な存在です。補助簿の中で最も一般的に作成されているのが、得意先元帳です。得意先元帳には、日付、伝票№、商品名、数量、単価、売上、入金、差引金額の順で記載項目が並んでいます。経理担当は、その元帳の対象となる得意先に関して、取引ごとに記載を行います。

得意先元帳への記載が完了すると、次は取引に抜け漏れがないかを確認する作業に移ります。月末の差引残高は決算対象となる月の前月の繰越残高と決算対象となる月の売上を加えたものより、決算対象となる月の入金を引いたものとなります。

したがって、支払期日の来ていない売上部分が差引残高と同額であれば、取引の記載が正しいと証明されます。一方、一致しなかった場合、注文書や請求書などを調べ直して抜け漏れを探します。伝票が起こされていない場合には、伝票を新しく起こし、抜け漏れを得意先元帳に記載します。これらの抜け漏れを修正する作業を、消し込み作業といいます。

試算表は、仕訳帳から総勘定元帳に正確に転記されているかを確認するために必ず作られる帳簿です。試算表の各勘定項目に記載された金額をもとに、月末の財産の内容を記した貸借対照表と、1か月間の会社の損益を記した損益計算書を作ること

月次決算の手順

①	会計伝票の内容を仕訳帳へ転記する

↓

②	仕訳帳の内容を総勘定元帳と補助簿へ転記する

↓

③	総勘定元帳の内容を試算表に転記する

↓

④	試算表を基にして決算書を作成する

➡ 月次決算は迅速に行うことがポイント！

ができます。

■ 月次決算の報告

　月次決算が完成した時点で、会社の経営陣に報告をすることになります。

　経理担当として月次決算を行うにあたり、もっとも注意すべきことは「迅速性」です。経営陣は、報告をもとに次月以降の経営戦略を練り直します。そのため、経営判断の基礎となる月次決算の報告が迅速に作成されなければ、経営判断にも悪い影響が出てしまいます。

　したがって、報告はできる限り早く行わなければなりません。具体的には、月末から数日程度までの間には報告できるようにしておくのが理想です。なお、迅速性を優先するためには、月次決算の内容は「概算」でも構わず、その形式も問われないのが一般的です。

　経理担当は、月末の２〜３日前には請求書を送ってもらえるように取引先へ依頼し、または売上の締日を月末よりも早めてもらうなどといった工夫をしてみてもよいでしょう。

予算管理

■ 予算管理とは

予算とは、その会社の事業計画を、会計上の数値に置き換えたものです。予算を組む場合は、確かな根拠に基づき、今後の会社の売上やそれにかかる原価、固定費などを数値化します。その上で、1年間、半年、四半期など、作成対象期間における会社の業績を理論的でかつ実行可能なレベルで組み立てていきます。

予算の組み方には、ボトムアップ型と、トップダウン型があります。ボトムアップ型とは、各部門が作成した数値を積み上げて全体予算を作成するものです。一方、トップダウン型とは、全体予算から作成し、その項目を各部門に割り当てて作成するものです。実際の場合は、組み立てた予算が机上の空論となり、現実味がなくなってしまうことを防ぐため、両者を組み合わせて作成する必要があります。予算作成やその後のフォローの流れは、主に次の通りです。

まずは、営業担当者自身が責任を持って今後の業務計画を立てます。担当者自身の予測売上高、これに対する仕入やその他の経費を見積り数字に落とし込みます。自身で立てた予算を理解することで、目標に邁進するという風土ができます。ボトムアップ型の予算の場合、どうしても自分に甘い予算を立てがちになりますが、上長がその点を指導、修正する必要があります。

予算立案時には、会社の間接経費（事務所の家賃、水道光熱費など）については、使用する面積や人員数などを基準に各部門に負担させる、トップダウン型で設定することが通常です。

予算策定の流れと注意点

営業担当者	各部門の責任者	総括部門
予測売上高 仕入、経費等の 見積りを作成 （個人目標）	各担当者が作成した 数値をチェック （指導、修正） 部門別の予算を作成	編成作業 各部門の予算を統合 全体予算に整形する 際にはコストの負担 などを指示

ボトムアップ →　　　　　**← トップダウン**

編成作業における注意点
・適正額を盛り込んでいるかどうかのチェック
・担当者へ直接ヒアリングを行うなど、数値だけではなく各部門の
　現状も把握する

　しかし、これらの経費は、各部門でコントロールできる経費ではないため、各部門にコスト負担させることは、現場のやる気を削ぐ可能性もあります。その反面、販売価格や仕入価格、接待交際費のような営業経費については、個人に裁量を持たせるボトムアップ型の予算立てを実施することで、職務への意欲とコスト意識の向上を期待できるため重要です。

　予算を立てただけで満足しては計画倒れということになりかねません。対象期間終了後に、必ず予算と実績の対比を行い、達成度を自己評価し、逆に失敗した場合には原因を把握する必要があります。これをPDCAサイクルといいます。これにより、個人レベルで次年度の目標が立てられるようになります。この次年度へのフィードバックまで活用できるようにすることが、予算管理の目的といえます。

　また、予算を達成した場合には、人事や処遇で報いることが、社員のモチベーションアップにつながります。報われた社員は、

PDCAサイクル
事業における管理業務（生産管理など）をスムーズに進めるプロセスの一種。①計画（Plan）、②実行（Do）、③評価（Check）、④改善（Act）の行動を順に繰り返し実施することで、管理業務の質を高め、向上させていく。それぞれの頭文字を取ってPDCAサイクルと呼ばれる。

次年度はより一層予算達成に向けて努力するでしょう。逆に、「やっても報われない」という意識がまん延してしまうと、社内のムードは暗くなります。いったんマイナスのイメージがついてしまうと、なかなか取り返しができなくなりますので、注意が必要です。

■ 編成作業について

　予算の編成作業とは、各部門からの個別予算を全体予算に集計し組み替えていく作業です。

　実効性のある予算編成をするためには、自社の各部門の損益構造（どのように売上が発生するのか、これに対する費用は何があるのか）の理解と、商品、市場、価格、販売促進に関する現状分析が不可欠ですので、時には部門の責任者から現状についてレクチャーを受けることも大切です。具体的な手法としては、個別予算を会計的にチェックしていきます。売上に対して必ず発生する原価、毎月発生する家賃、人件費などの固定費を集計し、適正額が予算に盛り込まれているかチェックします。

　一方、会社全体の事業計画に合致させるように、個別予算を整合させ、全体予算とします。

　全体予算がわかれば、売上予想から入金の予想、経費予想から支払予想ができることになります。ここから、想定される取引に関する会計仕訳を考え、予算通りに行った場合の将来の貸借対照表、損益計算書を作成します。これにより将来の資金不足に備えて、前もって資金調達の検討に入ることができます。

■ 差異分析をする

　差異分析とは、月次決算の都度、予算と実績の数値を対比して、数値の開き（差異）を見るものです。差異がある場合には、必ず原因を究明することが重要です。

　具体的には、売上高、売上総利益、販売費及び一般管理費、

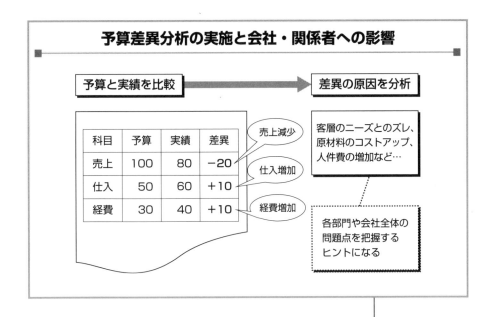

予算差異分析の実施と会社・関係者への影響

予算と実績を比較 → 差異の原因を分析

科目	予算	実績	差異
売上	100	80	−20
仕入	50	60	+10
経費	30	40	+10

売上減少
仕入増加
経費増加

客層のニーズとのズレ、原材料のコストアップ、人件費の増加など…

各部門や会社全体の問題点を把握するヒントになる

製造原価の勘定科目などの予算と実績を対比し、金額に開きがある部分については、その原因を突き止め、対処していくということになります。金額だけでなく、売上高に対する割合などと比較するという方法もあります。なお、予算との対比だけでなく、同業他社の財務諸表の数値や割合と対比するという方法もとることで、より効果的な分析が可能となります。

　予算差異分析を行うことによって、会社全体、各部門の問題点が浮き彫りになり、翌年度の予算作成にあたってのポイントが見えてきます。会社は規模が大きくなればなるほど、これらの差異分析をした結果について、会社の利害関係者（株主、銀行、得意先、消費者など）に対し、説明をする機会が増えます。この社外に対する説明を担うのが経理財務部門です。投資家や株主に対して、決算説明会や株主総会で説明を行うことになります。

製造原価

製品を作り上げるための行程で必要とされる費用で、材料そのものにかかる「材料費」、製造に関わる人に対する「労務費」、事務所家賃や水道光熱費などの「経費」などがある。

資金調達

借入にもさまざまな方法がある

■ 資金を調達するには

　資金が不足したときの調達方法は、大きく分けて2つあります。①会社自身の努力で資金を獲得する方法と、②社外から資金を調達する方法です。以下、①②の主な内容について見ていきましょう。

① 会社自身の努力で資金を獲得する

　社外から資金を得る方法は手間とコストがかかるため、まずは会社自身でできる限りの資金調達の努力を試みることが大切です。方法としては、利益の増加、営業活動による現金収支の改善、不要資産の処分などがあります。本業での利益が増加すると、当然ながら資金も比例して増加します。まずは経営状態の見直しを行い、価格や販路の工夫で利益が生み出せないかを検討することです。

　ただし、売上を増やすばかりで肝心の代金回収がうまくいかないと、資金は増えません。そのため、現金収支の改善も非常に重要です。

　現金回収の期日が長い場合、その期日の間は会社が資金を負担し続けていることになります。そのため、逆に支払いを遅らせることにより、余剰資金を生み出す効果が得られます。

　まずは売掛金などの営業債権の積極的な回収や回収期限の見直し、不良在庫などのムダな支出を見直します。そして、それでも厳しい場合は支払期日を少し長めにとることも視野に入れるべきです。ただし、支払期日の延長については、取引先との信頼関係を崩さないよう、最終手段として慎重に行う必要があ

> **営業債権**
> 売掛金や受取手形など、会社の営業活動に付随する債権のこと。売掛債権や売上債権ともいう。

資金の調達方法と注意点

自力で資金を調達

経営の見直し　資金繰りの改善　不要資産の整理など

金融機関から資金を調達

手形割引　手形借入　当座借越　証書による借入

証書借入の注意点
事業計画や資金の使い途、返済計画を明確にしておく

ります。

他の対策としては、社内における不要資産をチェックすることです。もし、貸借対照表上で計上されている資産の中に不要なものがある場合には、それを売却することにより資金を生み出すことができます。

これらの作業は資金を調達するためではありますが、同時に社内の財務内容の改善にもつながります。ムダを整理することで財務内容がよくなれば、金融機関や株主などに対する対外的な評価もよくなり、会社はさらに資金調達しやすい環境に変わることが予想されます。

② **社外から資金を調達する**

社外から資金を調達する手段として、ⓐ新株発行を行う方法、ⓑ資金を借り入れる方法、ⓒ社債を発行する方法があります。

ⓐ **新株発行を行う方法**

会社が、投資家などに対して株式を発行して資金を調達します。返済義務がない資金であるため、安定的な資金を確保することができます。

ここで調達した資金は帳簿上「資本金」あるいは「資本準備

金」として、貸借対照表上の「純資産の部」に記録されます。

ⓑ **資金を借り入れる方法**

銀行や第三者から資金を借り入れて資金を調達します。金利が発生するため、毎期一定額の利息を支払う必要があります。

ここで調達した資金は帳簿上「借入金」として、貸借対照表上の「負債の部」に記録されます。

ⓒ **社債を発行する方法**

第三者に対して「社債」という証券を発行して資金を調達します。借入と同様に金利が発生するため、毎期一定額の利息を支払う必要があります。

ここで調達した資金は帳簿上「社債」として、借入と同様に貸借対照表上の「負債の部」に記録されます。

■ 借入の種類

一口に借入といっても、①証書借入、②手形借入、③手形割引、④当座貸越など、さまざまな種類があります。これらの借入は、主に銀行などの金融機関と行うことになります。

① **証書借入**

証書借入とは、借入を行う際に「金銭消費賃借契約書」を作成し、契約に従って資金の借入と返済を行うことです。借入にあたって、会社は事業計画や資金の使い途、返済計画を明確にするために契約書を作成し、契約書にある借入実行日に契約した金額が、銀行口座に入金されます。通常は、同日に借入実行日から直近の約定弁済日までの利息と、契約に必要な収入印紙代が引き落されます。証書借入は、借入の中では一般的な契約形態です。

② **手形借入**

手形借入とは、自分自身で振り出した約束手形を金融機関に持ち込んで、資金を得る方法です。期日に返済をした場合は、振り出した手形が返却されます。

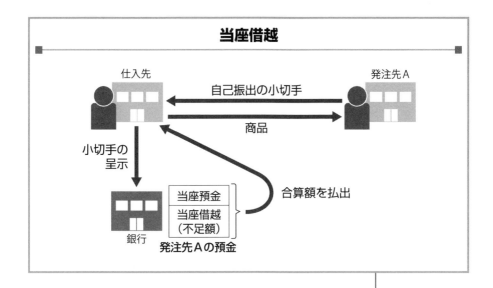

当座借越

仕入先 — 自己振出の小切手 ← 発注先A

商品 →

小切手の呈示

銀行

当座預金
当座借越（不足額）

発注先Aの預金

合算額を払出

　約束手形とは、一定期日までに額面金額の決済を約束するもので、主に売上や仕入の代金として利用されます。

③　**手形割引**

　手形割引とは、会社が取引先から受け取った手形を金融機関に持ち込み、資金を得る方法です。手形には必ず決済期日があるため、期日前に金融機関に持ち込んで資金を得る際には、割引料として期日までの金利分を額面から差し引いた残りの金額を受け取ることになります。手形の期日が到来した場合は、振出人の口座から決済されるため、わざわざ返済のためのお金を用意する必要はありません。ただし、手形割引を利用する場合は、期日到来までに不渡りにならないかを十分注意する必要があります。

④　**当座貸越**

　当座貸越とは、あらかじめ当座貸越契約書を作成して融資の限度額や利率を定め、その上で同じ口座内の定期預金などを担保にして、限度額までの額で自動的に借入を行うことができる制度です。

> **不渡り**
> 手形や小切手の支払において、支払期日を迎えても残高が足りず決済ができないこと。

資金繰り

健全な経営にはしっかりとした資金管理が必要不可欠
である

■ 資金繰りとは

　会社の営業活動には、必ずお金の動きが伴います。逆にいえ
ば、お金の動き方が経営状態を左右するといっても過言ではあ
りません。健全な経営状態を維持するためには、ただ多くのお
金を保有しているだけではなく、そのお金をどう使うかも大切
なのです。営業活動で増えたお金を商品開発や設備投資、優秀
な社員の採用などに使い、ますます会社を発展させていくのが、
会社の理想的な成長の姿だといえます。

　しかし、現実的には通常の営業活動だけでお金を正常に回し
て行くことは困難です。時には必要な資金が不足する場合や、
急遽まとまった資金が必要となる場合もあるからです。そのよ
うな時に何も手を打たなければ、たちまち会社の存続が危ぶま
れてしまいます。

　このような資金不足による会社の危機を回避するためには、
資金の収支をきちんと管理する必要があります。資金収支の予
定を管理し、必要な資金を調達したり、逆に余った資金の使い
途を決めたりすることを資金繰りといいます。簡単にいえば、
家計を管理するために作成する家計簿と同じことです。

■ 現預金の収支を３つに分類する

　お金の動きには、①通常の営業活動によるもの、②営業活動
以外のもの、③臨時的な収支の３つに分けることができます。
現預金の収支を、まずはこれらの内容別に分類するところから
始めていきます。

資金繰り表の活用

(単位　千円)

項目			○年4月	○年5月	○年6月	○年7月	○年8月
前月繰越			250	1,253	1,580	1,375	823
営業活動	収入	現金売上	150		122	131	
		売掛金回収	1,551	2,000	1,771	1,200	2,122
		受取手形	560	550	510	610	310
	支出	買掛金支払	650	1,100	2,000	1,800	1,771
		給料	300	300	300	355	412
		家賃	100	100	100	100	100
		光熱費	3	3	3	3	3
		雑費		15		30	
営業活動以外	収入	受取利息					1
	支出	借入金返済	150	150	150	150	150
		支払利息	55	55	55	55	54
差引過不足			1,253	2,080	1,375	823	766
臨時収入【＋】							50
臨時支出【－】				500			
翌月繰越			1,253	1,580	1,375	823	816

① 　営業活動による現金収入には、本業である現金売上や売掛金の回収、受取手形の期日到来による入金などが該当します。同様に、材料や商品の現金仕入、買掛金の支払、支払手形の期日到来による支出などは、営業活動による現金支出に該当します。

② 　営業活動以外の現金収支には、増資や銀行からの融資による資金調達やその返済、有価証券の売買、配当金の受取りや支払いなどが挙げられます。

③ 　臨時的な収支には、土地・建物のような不動産の購入や売却、保険金の満期など、通常は行われない経済活動による臨時的な収支が挙げられます。

このように分類された収支は、「資金繰り表」として、1か月ごとに収入、支出、差引残高の表にまとめていきます。とく

受取手形・支払手形

受取手形とは、商品を売り上げた場合に、売上先から現金の代替として受け取る手形のこと。期日が到来したら現金支払いを行うということを約し、証券化したもので、受取手形を発行しない際の売上高は売掛金として処理する。一方、支払手形とは、商品を仕入れた場合に、仕入先に現金の代替えとして振り出す手形のこと。期日が到来したら現金支払いを行うということを約し、証券化したもので、手形を発行しない際の仕入高は買掛金として処理する。

に臨時的な支出がある場合は、資金不足に陥らないために、早めに備える必要があります。

■ 資金不足の原因を調べるには

儲けが出たからといって、必ずしも資金が比例して増えるとは限りません。帳簿上の損益と手元資金の増減は必ずしも一致しないためです。資金不足に陥らないために、収支の情報は早めに把握しておくことが重要です。

万が一資金不足に陥った場合は、その原因を調べる必要があります。

「資金繰り表」だけでは判明できない場合は、月別の試算表などを利用して、前月分の現預金と売掛債権、売上と経費などと比較してみましょう。不明な部分については、総勘定元帳を見ると、その内訳が判明します。

■ 資金運用表の活用

過去の資金の運用状態と比較するのも1つの方法です。たとえば「資金運用表」を作成するという分析方法もあります。資金運用表は、前期と当期の貸借対照表の各勘定科目の数値の増減額から作成します。現預金の増減と、現預金以外の資産、負債、資本の増減を分析し、資金の増加または減少の原因を分析します。図（次ページ）のように、運転資金、投資資金、財務資金として分類すると、キャッシュ・フロー計算書に近い形になり、本業の業績がよくて資金が増えたのか、借入による資金が増えたのかなど、資金の増減要因がより明確になります。

資金が不足する主な原因としては、予定より収入が少ない場合と支出が多い場合に二分されますので、そのいずれであるかをまず分析します。

収入が少ない場合の原因としては、売上などの収益そのものが落ち込んでいる、売掛金の入金や受取手形の決済が期日より

試算表

決算を行う前の段階において、仕訳帳の内容が正しく総勘定元帳へ仕訳や転記がされているかを確認するために作成する集計表のこと。仕訳において、借方・貸方の数値は必ず一致するという「貸借平均の原理」をもとに検証する。試算表には、合計試算表、残高試算表、合計残高試算表の3種類がある。

資金運用表の活用

前期と当期の BS を比較して増減額を把握する

資金の運用		資金の調達	
資産の増加	×××	資産の減少	×××
負債の減少	×××	負債の増加	×××
資本の減少	×××	資本の増加	×××

資金を運転資金・投資資金・財務資金の3つに分類する方法もある

運転資金	売上債権減少	10
	仕入債務増加	10
	在庫増加	▲ 10
		10
投資資金	固定資産増加	▲ 10
		▲ 10
財務資金	借入金返済	▲ 10
		▲ 10
現預金の増減		▲ 10

遅れている、などが考えられます。

　また、支出が多い場合としては、仕入の数量が予定より多かった、臨時的な出費があったなどの原因が考えられます。

　具体例を挙げて見ると、店舗を増やすなど経営規模の拡大により資金が不足するケースです。拡大路線をめざす過程において、設備投資や仕入の増加など大幅な支出が先立ちます。これらの投下した資金が収益に反映し、さらに現金として回収されるのは、経営が軌道に乗ってしばらくしてからということになります。つまり事業拡大には、ある程度余裕をもって資金を見積もる必要があるということです。目先の利益だけで将来的な展望がないと、経営難に陥ってしまうことになります。

Column

経営計画の作成と決算書・会計帳簿

　会社を経営するためには、経営者側がしっかりとした経営方針を示すことが必須です。経営者が求める会社の方向性を軸にして「何を、いつまでに、どのようにして遂行していくか」という目標を決定することを経営計画といいます。

　経営計画を立てる場合、まずはその会社の現在の経営状態を把握する必要があります。これまで会社が進めてきた経営内容から現在に至るまでの経緯を知ることで、はじめて今後の目標を定めることができるのです。そのためには、決算書（財務諸表）や会計帳簿が必要です。

　決算書からは、その期間の経営状態を総合的に見ることができます。たとえば、貸借対照表では、会社の持つ資産や負債の内容を知ることができ、損益計算書では、会計期間内の売上高や仕入高などの経営における会社の成績を知ることができます。また、かかった経費の内容を知ることもできるため、ムダに支払った経費を調べた上でコスト削減策を立てることができます。

　一方、総勘定元帳や仕訳帳から成る会計帳簿からは、日々の取引状況や、取引先別の具体的な内容を知ることができます。財務諸表から把握することが難しいイレギュラーなケースにおける売上などを調べることも可能なため、経営計画を立てる場合において重要となる判断材料のひとつです。

　経営計画を立てる際に、経理は、日々の会計帳簿を正確に作成し、財務諸表を経営者に提出するという非常に重要な役割を担っています。最も重要なことは、作成した帳簿のチェック作業です。

　常日頃から正しい数字チェック体制を万全にし、決算を迎えた場合は、速やかに正しい数字の財務諸表を提出しましょう。

【巻末１　一目でわかる！ 摘要／勘定科目の対応表】

摘　要	勘定科目（区分）
あ行	
預入れ	当座預金（資産）
預入れ	普通預金（資産）
アルバイト給料 ○月分	給料（費用）
インターネット 使用料	通信費（費用）
椅子（少額消耗品）	消耗品費（費用）
椅子	什器・備品（資産）
祝金　○○氏 （取引先）	交際費（費用）
祝金　○○（社員）	福利厚生費（費用）
印刷代	広告宣伝費（費用）
印刷代 （インクなど）	事務用品費（費用）
飲食代 （取引先との会食）	交際費（費用）
飲食代 （打ち合わせ時）	会議費（費用）
飲食代 （社内行事等）	福利厚生費（費用）
印紙代	租税公課（費用）
内金入金	前受金（資産）
裏書手形	受取手形（資産）
売上	売上高（収益）
売上（掛け）	売掛金（資産）
売掛金入金	売掛金（資産）
運送料	仕入高・運賃（費用）
延滞税	租税公課（費用）
応接セット	什器・備品（資産）

摘　要	勘定科目（区分）
応接セット （少額消耗品）	消耗品費（費用）
お茶代	福利厚生費（費用）
お茶代	会議費（費用）
か行	
（債権）回収不能額	貸倒損失（費用）
会計ソフト （少額消耗品）	消耗品費（費用）
会計ソフト	ソフトウェア （資産）
買掛金支払い	買掛金（負債）
会社設立費用	創立費（資産）
貸倒引当金計上	貸倒引当金 （マイナスの資産）
貸倒引当金計上	貸倒引当金繰入 （費用）
貸倒引当金 取り崩し	貸倒引当金戻入 （収益）
貸付け	短期貸付金（資産）
貸付け	長期貸付金（資産）
会議資料作成費	会議費（費用）
開業資金	資本金（純資産）
開業費用	開業費（資産）
借入	短期借入金（負債）
借入	長期借入金（負債）
借入金返済	短期借入金（負債）
借入金返済	長期借入金（負債）
借入金利息	支払利息（費用）
掛け代金入金	売掛金（資産）

摘　要	勘定科目（区分）
掛け代金支払い	買掛金（負債）
書留代	通信費（費用）
加工賃代	外注加工費（費用）
加工賃収入	売上高（収益）
火災保険	保険料（費用）
加算金・加算税	租税公課（費用）
ガス代	水道光熱費（費用）
ガソリン代	車両費（費用）
株式購入	有価証券（資産）
株式購入手数料	有価証券（資産）
株式購入 （長期保有）	投資有価証券 （資産）
株式売却（利益）	（投資）有価証券 売却益（収益）
株式売却（損失）	（投資）有価証券 売却損（費用）
株式売却手数料	支払手数料（費用）
カタログ代	広告宣伝費（費用）
管理料（不動産）	支払手数料（費用）
切手代	通信費（費用）
切手代（未使用分）	貯蔵品（資産）
機械購入	機械（資産）
機械リース料	賃借料（費用）
期末商品棚卸し	期末商品棚卸高 （売上原価）
期末（期首）商品	商品（資産）
期末（期首）製品	製品（資産）
求人広告	広告宣伝費（費用）

摘　要	勘定科目（区分）
給料〇月分	給料（費用）
クリーニング代	雑費（費用）
空調設備	建物付属設備（資産）
蛍光灯代	消耗品費（費用）
携帯電話購入代	消耗品費（費用）
携帯電話通話料	通信費（費用）
経費仮払い	仮払金（資産）
健康診断	福利厚生費（費用）
健康保険料 （会社負担）	法定福利費（費用）
健康保険料 （本人負担）	預り金（負債）
減価償却	減価償却費（費用）
減価償却	減価償却累計額 （マイナスの資産）
現金過不足（超過）	雑収入（収益）
現金過不足（不足）	雑損失（費用）
原材料費	仕入高（費用）
原材料費（在庫）	材料（資産）
源泉所得税	預り金（負債）
コーヒー代（来客）	会議費（費用）
コーヒー代	福利厚生費（費用）
航空運賃	仕入高・運賃（費用）
航空チケット代	旅費交通費（費用）
航空便（書類など）	通信費（費用）
工場用建物	建物（資産）
厚生年金保険料 （会社負担）	法定福利費（費用）

摘　要	勘定科目（区分）
厚生年金保険料（本人負担）	預り金（負債）
香典　（取引先）	交際費（費用）
香典（社内）	福利厚生費（費用）
公認会計士顧問料	支払手数料（費用）
小切手振出し	当座預金（資産）
小切手受け取り	現金（資産）
小切手帳	事務用品費（費用）
国債購入費用	有価証券（資産）
国債購入費用（長期保有）	投資有価証券（資産）
国債売却（利益）	（投資）有価証券売却益（収益）
国債売却（損失）	（投資）有価証券売却損（費用）
コンピュータ使用料	賃借料（費用）
ゴミ袋	消耗品費（費用）
ゴミ処理代	雑費（費用）
さ行	
財形貯蓄	預り金（負債）
雑誌代	新聞図書費（費用）
残業代	給料（費用）
仕入れ	仕入高（費用）
仕入れ（掛け）	買掛金（負債）
仕掛品計上	仕掛品（資産）
試供品	広告宣伝費（費用）
消耗品	消耗品費（費用）
新聞代	新聞図書費（費用）

摘　要	勘定科目（区分）
賞与	賞与手当（費用）
住民税（特別徴収）	預り金（負債）
事業税	法人税等（費用）
事業所税	租税公課（費用）
自動車税	租税公課（費用）
自動車保険	保険料（費用）
児童手当拠出金	法定福利費（費用）
支払代金（仕入以外）	未払金（負債）
事務所用建物	建物（資産）
事務所家賃	賃借料（費用）
敷金支払い	敷金（資産）
車検費用	車両費（費用）
車両購入費用	車両（資産）
出産祝い（取引先）	交際費（費用）
出産祝い（社内）	福利厚生費（費用）
出張手当	旅費交通費（費用）
出張代	旅費交通費（費用）
社会保険料（本人負担）	預り金（負債）
社会保険料（会社負担）	法定福利費（費用）
社会保険労務士手数料	支払手数料（費用）
司法書士手数料	支払手数料（費用）
収入印紙	租税公課（費用）
収入印紙（未使用分）	貯蔵品（資産）
宿泊代	旅費交通費（費用）

摘　要	勘定科目（区分）
修理代	修繕費（費用）
消費税（税込経理）	租税公課（費用）
消費税（中間・確定）	未払消費税等（負債）
消費税（税抜経理）	仮払（仮受）消費税等（資産・負債）
照明器具（少額消耗品）	消耗品費（費用）
照明器具	什器・備品（資産）
書籍購入代	新聞図書費（費用）
水道代	水道光熱費（費用）
清掃代	雑費（費用）
制服代	福利厚生費（費用）
歳暮	交際費（費用）
生命保険料	保険料（費用）
税理士顧問料	支払手数料（費用）
前期末商品繰り越し	期首商品棚卸高（売上原価）
洗車代	車両費（費用）
倉庫取得費	建物（資産）
倉庫使用料	賃借料（費用）
損害保険料	保険料（費用）
速達代	通信費（費用）
た行	
宅配料金	運賃（費用）
タクシー代	旅費交通費（費用）
タクシー代（取引先飲食後）	交際費（費用）

摘　要	勘定科目（区分）
棚（少額消耗品）	消耗品費（費用）
棚	什器・備品（資産）
ダイレクトメール製作費	広告宣伝費（費用）
段ボール	消耗品費（費用）
茶菓子（来客時）	会議費（費用）
駐車場代	賃借料（費用）
仲介手数料	支払手数料（費用）
中元費用	交際費（費用）
町内会費	諸会費（費用）
チラシ制作費用	広告宣伝費（費用）
机（少額消耗品）	消耗品費（費用）
机	什器・備品（資産）
手形受け取り	受取手形（資産）
手形振出し	支払手形（負債）
手形帳	事務用品費（費用）
手形割引	受取手形（資産をマイナス）
手形の割引料	手形売却損（費用）
手形裏書	受取手形（資産をマイナス）
手付金	前渡金（資産）
手付金の受け取り	前受金（負債）
店舗	建物（資産）
店舗使用料	賃借料（費用）
電球	消耗品費（費用）
電気設備	建物付属設備（資産）

摘　要	勘定科目（区分）
電気代	水道光熱費（費用）
電池代	消耗品費（費用）
伝票購入	事務用品費（費用）
電報代	通信費（費用）
電話代	通信費（費用）
トイレットペーパー	消耗品費（費用）
灯油代	水道光熱費（費用）
登録免許税	租税公課（費用）
時計（少額消耗品）	消耗品費（費用）
時計	什器・備品（資産）
特許料	特許権（資産）
特許出願料	特許権（資産）
特許登録費用	特許権（資産）
特許権購入	特許権（資産）
土地購入	土地（資産）
トナー代	事務用品費（費用）
トラック	車両・運搬具（資産）
な行	
日当（出張時）	旅費交通費（費用）
荷造費用	運賃（費用）
のれん	のれん（資産）
は行	
売却代金（売上以外）	未収入金（資産）
パソコン（少額消耗品）	消耗品費（費用）
パソコン	什器・備品（資産）

摘　要	勘定科目（区分）
パッケージソフト（少額消耗品）	消耗品費（費用）
パッケージソフト	ソフトウェア（資産）
ハガキ代	通信費（費用）
配当受け取り	受取配当金（収益）
ビル管理費	支払手数料（費用）
引取運賃（資産）	資産の名称（資産）
引取運賃（商品）	仕入高（費用）
引取運賃	運賃（費用）
備品購入（少額消耗品）	消耗品費（費用）
備品購入	什器・備品（資産）
文具代	事務用品費（費用）
ファックス通信料	通信費（費用）
プリンター（少額消耗品）	消耗品費（費用）
プリンター	什器・備品（資産）
複合機（少額消耗品）	消耗品費（費用）
複合機	什器・備品（資産）
複合機リース代	賃借料（費用）
不動産取得税	租税公課（費用）
振込手数料	支払手数料（費用）
不渡手形	不渡手形（資産）
部品代	消耗品費（費用）
弁護士顧問料	支払手数料（費用）
弁当代（会議）	会議費（費用）
法人税（確定）	法人税等（費用）

摘　要	勘定科目（区分）
法人税（確定）	未払法人税等（負債）
法人住民税	法人税等（費用）
忘年会費用	福利厚生費（費用）
包装資材	消耗品費（費用）
ホームページ製作費	広告宣伝費（費用）
保険料	保険料（費用）
ボイラー	建物付属設備（資産）
保守点検費用	修繕費（費用）
保証料	支払手数料（費用）
保証料（翌期以降分）	前払費用・長期前払費用
保証金（返還される）	保証金（資産）
保証金（返還されない）	長期前払費用（資産）
ま行	
前払い金	前渡金（資産）
前払い金（建物）	建設仮勘定（資産）
名刺	事務用品費（費用）
メンテナンス代	修繕費（費用）
や行	
役員報酬	役員報酬（費用）
家賃	賃借料（費用）
家賃の受け取り	家賃収入（収益）
郵便代	通信費（費用）
郵便小包	運賃（費用）

摘　要	勘定科目（区分）
郵便為替証書	現金（資産）
用紙代	事務用品費（費用）
預金利息	受取利息（収益）
ら行	
リース料	賃借料（費用）
リース料(資産計上)	リース資産（資産）
リース料（資産）の支払	リース債務（負債）
冷蔵庫（少額消耗品）	消耗品費（費用）
冷蔵庫	什器・備品（資産）
冷暖房（少額消耗品）	消耗品費（費用）
冷暖房	建物付属設備（資産）
労災保険料	法定福利費（費用）
その他	
EMS（国際スピード郵便）代	通信費（費用）
EMS代（小包）	運賃（費用）
LAN環境設備（少額消耗品）	消耗品費（費用）
LAN環境設備	什器・備品（資産）

【巻末2 キャッシュ・フロー計算書（間接法）】

（単位：千円）

キャッシュ・フロー計算書

Ⅰ　営業活動によるキャッシュ・フロー（間接法）

税引前当期純利益	×	×	×
減価償却費	×	×	×
貸倒引当金の増加額	×	×	×
受取利息及び受取配当金	△×	×	×
支払利息	×	×	×
有形固定資産売却益	△×	×	×
売上債権の増加額	△×	×	×
棚卸資産の減少額	×	×	×
仕入債務の減少額	△×	×	×
未払消費税等の増加額	×	×	×
小　計	×	×	×
利息及び配当金の受領額	×	×	×
利息の支払額	△×	×	×
法人税等の支払額	△×	×	×
営業活動によるキャッシュ・フロー	×	×	×

Ⅱ　投資活動によるキャッシュ・フロー

有価証券の取得による支出	△×	×	×
有価証券の売却による収入	×	×	×
有形固定資産の取得による支出	△×	×	×
有形固定資産の売却による収入	×	×	×
投資活動によるキャッシュ・フロー	△×	×	×

Ⅲ　財務活動によるキャッシュ・フロー

短期借入れによる収入	×	×	×
短期借入金の返済による支出	△×	×	×
長期借入れによる収入	×	×	×
長期借入金の返済による支出	△×	×	×
配当金の支払額	△×	×	×
財務活動によるキャッシュ・フロー	×	×	×

Ⅳ　現金及び現金同等物に係る換算差額	×	×	×
Ⅴ　現金及び現金同等物の増加額	×	×	×
Ⅵ　現金及び現金同等物期首残額	×	×	×
Ⅶ　現金及び現金同等物期末残額	×	×	×

【監修者紹介】
武田　守（たけだ　まもる）

1974年生まれ。東京都出身。公認会計士・税理士。

慶應義塾大学卒業後、中央青山監査法人、太陽有限責任監査法人、東証1部上場会社勤務等を経て、現在は武田公認会計士・税理士事務所代表。

監査法人では金融商品取引法監査、会社法監査の他、株式上場準備会社向けのIPOコンサルティング業務、上場会社等では税金計算・申告実務に従事。会社の決算業務の流れを、監査などの会社外部の視点と、会社組織としての会社内部の視点という2つの側面から経験しているため、財務会計や税務に関する専門的なアドバイスだけでなく、これらを取り巻く決算体制の構築や経営管理のための実務に有用なサービスを提供している。

著作として『株式上場準備の実務』（中央経済社、共著）、『入門図解　会社の税金【法人税・消費税】しくみと手続き』『不動産税金【売買・賃貸・相続】の知識』『入門図解　消費税のしくみと申告書の書き方』『入門図解 会社の終わらせ方・譲り方【解散清算・事業承継・M＆A】の法律と手続き実践マニュアル』（小社刊）がある。

図解で早わかり
会計の基本と実務

2020年8月30日　第1刷発行

監修者	武田守
発行者	前田俊秀
発行所	株式会社三修社
	〒150-0001　東京都渋谷区神宮前2-2-22
	TEL　03-3405-4511　FAX　03-3405-4522
	振替　00190-9-72758
	http://www.sanshusha.co.jp
	編集担当　北村英治
印刷所	萩原印刷株式会社
製本所	牧製本印刷株式会社

©2020 M. Takeda Printed in Japan
ISBN978-4-384-04849-0 C2032